# Toxic
## Su Doku

# Toxic
## Su Doku

*150 Easy to Medium Puzzles*

Compiled by sudokusolver.com

HARPER

NEW YORK • LONDON • TORONTO • SYDNEY

## HARPER

New York Post © 2011 by NYP Holdings dba New York Post

NEW YORK POST TOXIC SU DOKU © 2011 by HarperCollins Publishers.
All rights reserved. Printed in the United States of America. No part of
this book may be used or reproduced in any manner whatsoever without
written permission except in the case of brief quotations embodied in
critical articles and reviews. For information, address HarperCollins
Publishers, 10 East 53rd Street, New York, NY 10022.

HarperCollins books may be purchased for educational, business, or
sales promotional use. For information please write: Special Markets
Department, HarperCollins Publishers, 10 East 53rd Street, New York,
NY 10022.

ISBN 978-0-06-209470-4

11 12 13 14 15   RRD   10 9 8 7 6 5 4 3 2

All puzzles supplied by Lydia Ade and Noah Hearle of sudokusolver.com

Book design by Susie Bell

# Contents

# Introduction

Su Doku is a highly addictive puzzle that is always solvable using logic. It has a single rule – complete each Su Doku puzzle by entering the numbers 1 to 9 once in each row, column and 3x3 block.

Many Su Doku puzzles can be solved by using just one solving technique. In the Su Doku puzzle in Fig. 1 below, look to see where the 8 can be placed in the middle left block (highlighted). All squares but one are eliminated by the 8s in the second column and fourth row, leaving only one possible square in which the 8 can be placed.

Fig. 1

|   |   |   |   | 3 | 1 |   |   |   |
|---|---|---|---|---|---|---|---|---|
|   | 8 | 7 |   |   |   |   | 1 |   |
|   | 9 |   | 8 | 4 |   |   |   |   |
| ← |   | 2 | 4 | 8 |   |   |   | 6 |
| 6 |   | 3 | 9 |   | 2 | 4 |   | 1 |
| 7 | ↓ |   |   | 1 | 6 | 2 |   |   |
|   |   |   |   | 5 | 3 |   | 6 |   |
|   | 2 |   |   |   |   | 1 | 3 |   |
|   |   |   | 1 | 6 |   |   |   |   |

You can apply the same technique to place a number in a row or column.

In this puzzle, you will need a slightly harder technique that requires pencil marks. Pencil marks are small numbers, usually written at the top of each unsolved square, listing all the possible values for that square. In the center block, there are just a few unsolved squares, so mark in all the pencil marks for this block, as shown in Fig. 2. One square contains only the 7 pencil mark and can now be solved.

Fig. 2

Remember, every Su Doku puzzle has one unique solution, which can always be found by logic, not guesswork. You can find details on more complex solving techniques and generate Su Doku puzzles at sudokusolver.com.

# Puzzles

| 8 | 7 |   | 2 | 6 |   |   |   | 9 |
|---|---|---|---|---|---|---|---|---|
| 9 |   |   |   | 5 |   | 3 | 6 |   |
|   |   |   |   |   |   | 2 | 8 |   |
| 7 |   |   | 5 | 2 |   |   |   |   |
| 4 | 1 |   | 7 |   | 8 |   | 5 | 3 |
|   |   |   |   | 3 | 1 |   |   | 8 |
|   | 9 | 4 |   |   |   |   |   |   |
|   | 3 | 8 |   | 4 |   |   |   | 6 |
| 6 |   |   |   | 8 | 2 |   | 9 | 4 |

|   |   | 8 |   | 4 | 3 |   | 9 |   |
|---|---|---|---|---|---|---|---|---|
|   |   |   | 9 |   |   | 6 | 8 | 2 |
| 7 |   |   |   | 5 | 8 |   | 4 |   |
|   | 1 |   |   |   |   | 2 |   | 9 |
| 6 |   | 9 |   |   |   | 5 |   | 8 |
| 5 |   | 2 |   |   |   |   | 1 |   |
|   | 6 |   | 8 | 7 |   |   |   | 4 |
| 8 | 4 | 3 |   |   | 5 |   |   |   |
|   | 5 |   | 3 | 9 |   | 8 |   |   |

| | | | | 3 | | 1 | 9 | |
|---|---|---|---|---|---|---|---|---|
| 3 | 7 | | 9 | 4 | | | 2 | |
| 1 | | | 7 | | | | | |
| | | | | | | 5 | 4 | |
| 7 | 5 | | | | | | 6 | 1 |
| | 6 | 3 | | | | | | |
| | | | | | 2 | | | 5 |
| | 2 | | | 8 | 4 | | 7 | 9 |
| | 4 | 6 | | 1 | | | | |

| | | 7 | | | | 5 | | 6 |
|---|---|---|---|---|---|---|---|---|
| | 1 | 2 | | 7 | 5 | | | |
| 3 | 9 | | | | | 1 | | 7 |
| | | | | 8 | 1 | | 5 | |
| | 8 | | 6 | | 3 | | 7 | |
| | 5 | | 9 | 4 | | | | |
| 9 | | 3 | | | | | 8 | 4 |
| | | | 7 | 6 | | 3 | 9 | |
| 5 | | 4 | | | | 6 | | |

| 4 |   |   |   |   |   |   |   | 3 |
|---|---|---|---|---|---|---|---|---|
|   |   | 6 | 3 |   | 1 | 9 |   |   |
|   |   |   | 8 | 5 | 2 |   |   |   |
| 9 |   | 3 | 1 |   | 4 | 2 |   | 7 |
| 1 |   |   |   |   |   |   |   | 4 |
| 6 |   | 2 | 5 |   | 9 | 3 |   | 1 |
|   |   |   | 9 | 8 | 7 |   |   |   |
|   |   | 4 | 6 |   | 3 | 7 |   |   |
| 3 |   |   |   |   |   |   |   | 2 |

| 8 |   | 5 | 2 |   |   |   | 6 | 1 |
|---|---|---|---|---|---|---|---|---|
| 7 |   |   | 5 |   |   |   |   |   |
|   |   |   | 1 | 6 |   |   |   | 7 |
|   |   |   |   | 2 |   | 4 | 7 | 3 |
|   |   | 7 | 3 |   | 1 | 8 |   |   |
| 6 | 2 | 3 |   | 4 |   |   |   |   |
| 3 |   |   |   | 8 | 5 |   |   |   |
|   |   |   |   |   | 6 |   |   | 4 |
| 4 | 6 |   |   |   | 2 | 3 |   | 9 |

|   |   | 6 |   | 2 |   |   |   |   |
|---|---|---|---|---|---|---|---|---|
|   | 8 | 3 |   |   | 7 | 5 |   |   |
| 7 | 5 |   |   |   |   | 8 | 1 |   |
|   |   |   | 7 |   | 6 |   | 9 |   |
| 1 |   |   |   |   |   |   |   | 6 |
|   | 4 |   | 5 |   | 2 |   |   |   |
|   | 2 | 5 |   |   |   |   | 3 | 1 |
|   |   | 9 | 3 |   |   | 6 | 2 |   |
|   |   |   |   | 8 |   | 9 |   |   |

Toxic

| 7 |   |   |   |   |   |   |   | 1 |
|---|---|---|---|---|---|---|---|---|
| 5 |   |   | 6 |   | 4 |   |   | 2 |
|   | 2 |   | 8 | 7 | 1 |   | 3 |   |
| 4 | 9 |   |   |   |   |   | 8 | 6 |
|   |   |   | 7 |   | 3 |   |   |   |
| 8 | 7 |   |   |   |   |   | 5 | 3 |
|   | 4 |   | 1 | 6 | 8 |   | 9 |   |
| 2 |   |   | 9 |   | 5 |   |   | 8 |
| 1 |   |   |   |   |   |   |   | 4 |

| 5 |   | 1 | 3 |   |   |   |   |   |
|---|---|---|---|---|---|---|---|---|
|   |   | 8 |   |   |   |   | 7 |   |
| 2 | 7 |   | 1 | 4 | 5 |   |   |   |
|   |   | 6 |   |   | 3 |   |   | 2 |
|   | 4 |   | 9 |   | 2 |   | 1 |   |
| 7 |   |   | 6 |   |   | 3 |   |   |
|   |   |   | 5 | 3 | 6 |   | 8 | 4 |
|   | 8 |   |   |   |   | 6 |   |   |
|   |   |   |   |   | 8 | 2 |   | 5 |

Toxic

| | | | 4 | 1 | 6 | | | |
|---|---|---|---|---|---|---|---|---|
| | 2 | | | | | | 7 | |
| 6 | | 5 | | | | 4 | | 9 |
| | | 7 | 1 | | 3 | 5 | | |
| 9 | | | | | | | | 6 |
| | | 6 | 5 | | 2 | 8 | | |
| 2 | | 4 | | | | 9 | | 1 |
| | 7 | | | | | | 8 | |
| | | | 8 | 4 | 9 | | | |

| | | | | 8 | 1 | 6 | 9 | |
|---|---|---|---|---|---|---|---|---|
| | | 9 | 7 | | | | | 2 |
| | 5 | | | 9 | 3 | | | 8 |
| | 2 | | | | | 9 | | 3 |
| 9 | | 7 | | | | 8 | | 5 |
| 5 | | 1 | | | | | 2 | |
| 8 | | | 6 | 1 | | | 3 | |
| 3 | | | | | 8 | 2 | | |
| | 9 | 2 | 3 | 7 | | | | |

| 3 |   |   | 7 | 6 |   |   |   | 4 |
|   |   |   | 2 |   | 4 |   | 8 |   |
| 5 |   | 8 |   |   |   |   | 6 |   |
|   |   |   |   | 4 |   | 9 |   | 5 |
| 8 |   |   | 6 |   | 5 |   |   | 3 |
| 2 |   | 7 |   | 9 |   |   |   |   |
|   | 3 |   |   |   |   | 2 |   | 9 |
|   | 8 |   | 9 |   | 1 |   |   |   |
| 9 |   |   |   | 7 | 2 |   |   | 8 |

|   |   |   |   | 3 |   | 6 | 8 |   |
|---|---|---|---|---|---|---|---|---|
| 1 | 7 |   |   |   |   |   | 2 |   |
| 2 |   |   | 7 | 8 |   |   |   |   |
|   |   |   | 8 |   | 4 | 5 |   |   |
| 7 |   | 9 |   |   |   | 4 |   | 2 |
|   |   | 5 | 9 |   | 2 |   |   |   |
|   |   |   |   | 2 | 3 |   |   | 9 |
|   | 4 |   |   |   |   |   | 7 | 5 |
|   | 5 | 3 |   | 9 |   |   |   |   |

Toxic

| | 2 | | | 8 | | | 6 | |
|---|---|---|---|---|---|---|---|---|
| 3 | | | 1 | 5 | | | | 4 |
| | | | 2 | | 9 | | | |
| | | 8 | | | | 7 | 2 | |
| 7 | 3 | | | 2 | | | 4 | 8 |
| | 9 | 6 | | | | 5 | | |
| | | | 8 | | 6 | | | |
| 5 | | | | 7 | 3 | | | 6 |
| | 4 | | | 9 | | | 3 | |

| 7 |   |   | | | | |   | 4 | 3 |
|---|---|---|---|---|---|---|---|---|
| 1 |   | 3 | 4 |   |   |   |   |   |
|   |   |   | 5 | 8 |   |   | 9 |   |
|   |   |   | 7 |   | 5 | 3 | 8 |   |
|   |   | 6 |   |   |   | 1 |   |   |
|   | 7 | 4 | 3 |   | 6 |   |   |   |
|   | 6 |   |   | 5 | 2 |   |   |   |
|   |   |   |   |   | 8 | 6 |   | 5 |
| 2 | 1 |   |   |   |   |   |   | 9 |

|   |   | 7 |   |   |   | 3 | 8 |   |
|---|---|---|---|---|---|---|---|---|
| 2 |   | 9 |   | 4 |   |   |   |   |
| 4 |   |   | 5 | 1 |   |   | 9 | 6 |
|   |   |   | 2 |   | 1 | 4 |   |   |
|   | 2 | 6 |   |   |   | 9 | 3 |   |
|   |   | 4 | 7 |   | 6 |   |   |   |
| 6 | 9 |   |   | 2 | 3 |   |   | 8 |
|   |   |   |   | 8 |   | 1 |   | 3 |
|   | 8 | 1 |   |   |   | 6 |   |   |

|   | 1 | 5 |   |   |   |   |   | 9 |
|---|---|---|---|---|---|---|---|---|
| 2 |   |   |   |   | 9 |   | 8 |   |
| 3 |   | 8 |   | 5 | 1 |   |   |   |
|   |   |   | 5 |   | 6 | 1 | 4 |   |
|   |   | 3 |   | 7 |   | 9 |   |   |
|   | 5 | 7 | 9 |   | 4 |   |   |   |
|   |   |   | 4 | 9 |   | 2 |   | 8 |
|   | 4 |   | 2 |   |   |   |   | 6 |
| 8 |   |   |   |   |   | 4 | 3 |   |

Toxic

| 3 |   | 5 | 7 | 2 |   |   |   | 8 |
|---|---|---|---|---|---|---|---|---|
|   |   |   | 1 |   | 8 |   |   |   |
|   |   | 2 | 3 |   |   | 7 |   | 6 |
|   | 4 |   |   |   |   | 6 | 8 | 3 |
| 1 |   |   |   |   |   |   |   | 5 |
| 5 | 6 | 9 |   |   |   |   | 1 |   |
| 7 |   | 8 |   |   | 1 | 5 |   |   |
|   |   |   | 4 |   | 2 |   |   |   |
| 4 |   |   |   | 3 | 7 | 2 |   | 9 |

| 8 |   |   |   | 2 |   | 7 |   | 6 |
|---|---|---|---|---|---|---|---|---|
|   |   | 6 |   | 7 | 1 | 5 |   |   |
| 2 | 7 |   | 3 |   |   |   | 9 |   |
|   | 2 |   |   |   |   | 9 |   |   |
| 4 | 1 |   |   |   |   |   | 7 | 3 |
|   |   | 7 |   |   |   |   | 1 |   |
|   | 3 |   |   |   | 6 |   | 4 | 8 |
|   |   | 5 | 7 | 8 |   | 3 |   |   |
| 9 |   | 8 |   | 1 |   |   |   | 7 |

| 2 | 6 |   | 1 |   | 3 |   | 5 | 8 |
|---|---|---|---|---|---|---|---|---|
|   | 8 |   |   | 6 |   |   | 9 |   |
|   |   |   |   | 7 |   |   |   |   |
| 7 | 1 |   |   |   |   |   | 8 | 6 |
| 6 |   |   |   | 8 |   |   |   | 3 |
| 3 | 9 |   |   |   |   |   | 1 | 2 |
|   |   |   |   | 2 |   |   |   |   |
|   | 5 |   |   | 1 |   |   | 3 |   |
| 8 | 3 |   | 9 |   | 6 |   | 7 | 5 |

| 8 |   | 6 |   |   |   | 3 |   | 1 |
|---|---|---|---|---|---|---|---|---|
|   | 4 | 7 | 3 |   | 9 | 8 | 6 |   |
|   |   |   | 8 | 6 | 2 |   |   |   |
|   | 8 | 4 |   |   |   | 5 | 1 |   |
|   |   |   | 7 |   | 1 |   |   |   |
|   | 7 | 1 |   |   |   | 2 | 8 |   |
|   |   |   | 1 | 4 | 5 |   |   |   |
|   | 5 | 8 | 9 |   | 3 | 1 | 2 |   |
| 1 |   | 9 |   |   |   | 4 |   | 5 |

| 6 | 7 |   | 2 | 5 |   | 8 |   |   |
|---|---|---|---|---|---|---|---|---|
| 5 |   |   |   |   | 3 |   |   |   |
|   |   | 2 | 8 | 6 |   |   |   | 9 |
| 9 |   | 8 | 5 |   |   |   | 3 |   |
| 3 |   | 4 |   |   |   | 7 |   | 6 |
|   | 6 |   |   |   | 4 | 1 |   | 8 |
| 7 |   |   |   | 3 | 8 | 9 |   |   |
|   |   |   | 9 |   |   |   |   | 7 |
|   |   | 3 |   | 1 | 7 |   | 6 | 5 |

| 2 |   |   |   | 6 |   | 1 | 4 | 5 |
|---|---|---|---|---|---|---|---|---|
| 5 |   |   | 1 | 9 |   | 6 |   |   |
| 6 | 7 |   |   |   |   |   |   |   |
|   |   |   | 4 |   | 9 |   | 2 |   |
| 7 | 2 |   |   | 8 |   |   | 9 | 6 |
|   | 3 |   | 7 |   | 6 |   |   |   |
|   |   |   |   |   |   |   | 8 | 9 |
|   |   | 5 |   | 1 | 2 |   |   | 4 |
| 8 | 6 | 2 |   | 7 |   |   |   | 3 |

| 4 | 1 |   | 9 |   |   |   | 2 | 7 |
|---|---|---|---|---|---|---|---|---|
| 5 |   | 3 | 4 |   |   | 6 |   | 8 |
|   | 7 |   |   |   |   |   | 4 |   |
|   |   |   |   | 4 |   |   | 3 | 5 |
|   |   |   | 6 | 2 | 1 |   |   |   |
| 2 | 8 |   |   | 3 |   |   |   |   |
|   | 5 |   |   |   |   |   | 6 |   |
| 3 |   | 7 |   |   | 6 | 8 |   | 2 |
| 8 | 9 |   |   |   | 3 |   | 7 | 4 |

|   |   |   |   |   | 6 | 1 | 3 |   |
|---|---|---|---|---|---|---|---|---|
| 2 |   | 6 |   | 5 | 1 | 9 |   |   |
| 5 | 1 |   |   |   |   |   | 2 |   |
| 1 | 7 |   | 5 |   | 4 |   |   |   |
|   | 9 |   |   | 2 |   |   | 5 |   |
|   |   |   | 9 |   | 8 |   | 4 | 1 |
|   | 5 |   |   |   |   |   | 6 | 9 |
|   |   | 9 | 6 | 3 |   | 5 |   | 8 |
|   | 3 | 1 | 8 |   |   |   |   |   |

| 2 |   |   |   |   |   | 7 |   | 9 |
|---|---|---|---|---|---|---|---|---|
|   | 7 |   | 5 |   |   |   | 3 |   |
| 8 |   |   |   | 6 | 2 |   |   |   |
|   |   | 8 | 4 |   | 9 |   | 7 |   |
|   |   | 3 |   |   |   | 4 |   |   |
|   | 6 |   | 1 |   | 7 | 8 |   |   |
|   |   |   | 2 | 5 |   |   |   | 4 |
|   | 8 |   |   |   | 3 |   | 1 |   |
| 9 |   | 6 |   |   |   |   |   | 2 |

| 5 |   |   | 2 |   | 4 |   |   | 3 |
|---|---|---|---|---|---|---|---|---|
| 7 |   | 2 |   | 9 |   | 5 |   | 6 |
|   | 9 |   |   |   |   |   | 1 |   |
| 1 | 2 | 9 |   | 6 |   | 3 | 4 | 7 |
|   |   |   |   |   |   |   |   |   |
| 6 | 7 | 5 |   | 4 |   | 8 | 9 | 1 |
|   | 8 |   |   |   |   |   | 5 |   |
| 9 |   | 6 |   | 3 |   | 7 |   | 4 |
| 4 |   |   | 9 |   | 5 |   |   | 8 |

Toxic

| 5 |   |   |   | 4 |   |   | 2 | 3 |
|---|---|---|---|---|---|---|---|---|
| 7 |   | 4 |   | 9 | 5 |   |   |   |
|   |   | 2 | 8 |   |   | 9 | 5 |   |
|   | 6 |   |   |   |   | 5 |   |   |
| 8 | 9 |   |   |   |   |   | 6 | 1 |
|   |   | 3 |   |   |   |   | 9 |   |
|   | 5 | 6 |   |   | 1 | 4 |   |   |
|   |   |   | 7 | 6 |   | 8 |   | 5 |
| 4 | 7 |   |   | 2 |   |   |   | 9 |

| | 6 | | 7 | | | 2 | | |
|---|---|---|---|---|---|---|---|---|
| | | | 6 | | | 1 | | 4 |
| 1 | 2 | 9 | | 8 | | 7 | | |
| | | | | 9 | | | 2 | 7 |
| | | 3 | 8 | | 2 | 5 | | |
| 9 | 4 | | | 3 | | | | |
| | | 8 | | 4 | | 9 | 1 | 2 |
| 2 | | 6 | | | 8 | | | |
| | | 1 | | | 5 | | 6 | |

| 8 |   |   |   |   | 3 | 1 |   | 9 |
|   |   |   |   | 8 |   | 2 |   |   |
| 9 | 5 |   | 6 |   | 7 |   |   |   |
| 4 |   | 9 | 1 |   | 6 | 5 |   |   |
|   | 8 |   |   |   |   |   | 6 |   |
|   |   | 7 | 8 |   | 4 | 9 |   | 3 |
|   |   |   | 5 |   | 8 |   | 2 | 1 |
|   |   | 8 |   | 2 |   |   |   |   |
| 6 |   | 4 | 7 |   |   |   |   | 5 |

| | 9 | | | | | 8 | 2 | |
|---|---|---|---|---|---|---|---|---|
| 7 | | 4 | | | | | | 6 |
| 3 | | | | 7 | 2 | | 5 | |
| | | 2 | | 8 | | | | |
| | | 8 | 6 | 1 | 3 | 9 | | |
| | | | | 9 | | 4 | | |
| | 6 | | 5 | 3 | | | | 1 |
| 1 | | | | | | 2 | | 8 |
| | 3 | 7 | | | | | 6 | |

| | | 7 | | | | 4 | | |
|---|---|---|---|---|---|---|---|---|
| 5 | | | 9 | | 4 | | | 8 |
| | 3 | | 8 | | 5 | | 7 | |
| 2 | | 8 | 4 | 9 | 3 | 7 | | 6 |
| | | | | | | | | |
| 9 | | 3 | 6 | 2 | 1 | 5 | | 4 |
| | 4 | | 5 | | 7 | | 3 | |
| 7 | | | 3 | | 9 | | | 1 |
| | | 1 | | | | 9 | | |

| | 9 | | | | 3 | | 4 | |
|---|---|---|---|---|---|---|---|---|
| 1 | | 7 | | | | 8 | | 2 |
| | 5 | | 1 | | | 9 | 6 | |
| | | 4 | 8 | | 6 | | | 5 |
| | | | | 1 | | | | |
| 8 | | | 9 | | 5 | 1 | | |
| | 4 | 2 | | | 9 | | 1 | |
| 7 | | 1 | | | | 4 | | 6 |
| | 8 | | 7 | | | | 5 | |

|   |   | 3 | 8 | 6 | 5 | 2 |   |   |
|---|---|---|---|---|---|---|---|---|
|   | 9 |   |   | 1 |   |   | 6 |   |
| 1 |   |   |   |   |   |   |   | 7 |
|   | 5 | 6 |   |   |   | 9 | 7 |   |
|   |   |   |   | 3 |   |   |   |   |
|   | 3 | 1 |   |   |   | 6 | 5 |   |
| 6 |   |   |   |   |   |   |   | 2 |
|   | 7 |   |   | 4 |   |   | 1 |   |
|   |   | 9 | 7 | 8 | 1 | 4 |   |   |

| | 3 | 2 | | | 5 | | 7 | |
|---|---|---|---|---|---|---|---|---|
| 9 | | | 6 | 8 | 4 | | | 2 |
| | | | | 7 | | | | 6 |
| 8 | 2 | | | | | | 5 | |
| | 4 | 6 | | | | 7 | 8 | |
| | 5 | | | | | | 1 | 3 |
| 5 | | | | 1 | | | | |
| 1 | | | 2 | 6 | 8 | | | 5 |
| | 8 | | 7 | | | 9 | 6 | |

Toxic

| | 3 | | | | | | | |
|---|---|---|---|---|---|---|---|---|
| 5 | | 6 | 9 | 2 | 1 | | | |
| | 1 | 2 | 7 | 3 | | | | |
| | 5 | 9 | | | 4 | | 2 | |
| | 6 | 7 | | | | 8 | 4 | |
| | 2 | | 3 | | | 1 | 9 | |
| | | | | 9 | 2 | 5 | 6 | |
| | | | 6 | 5 | 3 | 9 | | 7 |
| | | | | | | | 1 | |

| | 8 | | 1 | 7 | | 3 | | |
|---|---|---|---|---|---|---|---|---|
| | | | 8 | | 4 | | | 5 |
| 7 | | 9 | | | | 4 | | |
| | 9 | | | 4 | | | 6 | 8 |
| 6 | | | 9 | | 3 | | | 2 |
| 4 | 7 | | | 6 | | | 3 | |
| | | 6 | | | | 8 | | 4 |
| 2 | | | 3 | | 9 | | | |
| | | 7 | | 1 | 6 | | 2 | |

| 6 | 1 |   | 8 |   | 2 |   | 9 | 7 |
|---|---|---|---|---|---|---|---|---|
| 8 |   |   |   |   |   |   |   | 2 |
|   | 5 |   | 7 |   | 9 |   | 3 |   |
|   |   |   | 9 | 6 | 7 |   |   |   |
|   |   | 4 |   |   |   | 3 |   |   |
|   |   |   | 4 | 2 | 3 |   |   |   |
|   | 2 |   | 5 |   | 1 |   | 4 |   |
| 5 |   |   |   |   |   |   |   | 8 |
| 3 | 9 |   | 2 |   | 8 |   | 1 | 5 |

| | | 4 | 3 | 8 | | | 5 | |
|---|---|---|---|---|---|---|---|---|
| 3 | | 5 | 9 | | | | | |
| | | | | | | | 1 | 9 |
| | | | 6 | | 9 | | 8 | 5 |
| 8 | | | | 3 | | | | 6 |
| 5 | 2 | | 1 | | 8 | | | |
| 6 | 1 | | | | | | | |
| | | | | | 6 | 8 | | 3 |
| | 7 | | | 5 | 2 | 4 | | |

| | | 6 | | 7 | | 4 | 5 | |
|---|---|---|---|---|---|---|---|---|
| | 8 | 3 | | | 4 | | | 1 |
| 2 | 4 | | | 1 | 8 | | | 3 |
| | | | | | | 5 | 6 | |
| 6 | | 4 | | | | 3 | | 7 |
| | 2 | 1 | | | | | | |
| 4 | | | 8 | 6 | | | 3 | 9 |
| 1 | | | 9 | | | 2 | 4 | |
| | 6 | 9 | | 2 | | 1 | | |

|   | 5 | 6 | 1 |   |   | 9 |   |   |
|---|---|---|---|---|---|---|---|---|
|   |   | 7 |   |   | 5 |   |   | 8 |
| 8 |   |   |   |   |   |   | 5 | 1 |
|   | 9 |   | 5 |   | 1 |   |   | 4 |
|   |   |   |   | 6 |   |   |   |   |
| 4 |   |   | 9 |   | 2 |   | 7 |   |
| 9 | 2 |   |   |   |   |   |   | 3 |
| 7 |   |   | 3 |   |   | 4 |   |   |
|   |   | 8 |   |   | 4 | 5 | 2 |   |

| | 9 | 3 | | | | 8 | | |
|---|---|---|---|---|---|---|---|---|
| 5 | 8 | | 9 | | | | 7 | |
| 1 | | | 3 | | | 9 | | 4 |
| | 3 | 1 | | 8 | | | | |
| | | | 6 | | 4 | | | |
| | | | | 5 | | 7 | 6 | |
| 7 | | 4 | | | 2 | | | 9 |
| | 5 | | | | 7 | | 1 | 2 |
| | | 9 | | | | 5 | 3 | |

| 9 |   |   |   | 6 |   |   |   | 8 |
|---|---|---|---|---|---|---|---|---|
|   | 5 |   | 7 |   |   |   | 1 |   |
|   |   |   | 1 | 3 | 9 |   |   |   |
|   |   | 1 |   |   |   | 2 | 7 |   |
| 2 |   | 9 |   |   |   | 3 |   | 5 |
|   | 3 | 8 |   |   |   | 6 |   |   |
|   |   |   | 6 | 2 | 1 |   |   |   |
|   | 2 |   |   |   | 5 |   | 9 |   |
| 1 |   |   |   | 8 |   |   |   | 3 |

Toxic

| | 2 | 6 | | 4 | | | | 1 |
|---|---|---|---|---|---|---|---|---|
| 3 | | 8 | 7 | | | | 2 | |
| 4 | 5 | 1 | | | | | | |
| | 4 | | | 1 | 5 | | | |
| 2 | | | 4 | | 7 | | | 9 |
| | | | 2 | 3 | | | 4 | |
| | | | | | | 9 | 3 | 4 |
| | 7 | | | | 2 | 1 | | 5 |
| 1 | | | | 9 | | 2 | 6 | |

| | 7 | | | | | 2 | 8 | |
|---|---|---|---|---|---|---|---|---|
| | | | | 9 | 8 | | | |
| 5 | | | | | 7 | 9 | | |
| | 2 | | | | 4 | | | 5 |
| 8 | 5 | | 6 | | 1 | | 7 | 2 |
| 1 | | | 9 | | | | 6 | |
| | | 6 | 2 | | | | | 3 |
| | | | 3 | 7 | | | | |
| | 1 | 2 | | | | | 5 | |

Toxic

|   |   |   |   | 6 |   |   |   |   |
|---|---|---|---|---|---|---|---|---|
|   | 1 |   | 5 |   | 4 |   | 6 |   |
| 2 |   | 4 |   |   |   | 3 |   | 1 |
| 6 |   |   | 8 |   | 3 |   |   | 4 |
|   | 7 |   |   | 5 |   |   | 1 |   |
| 8 |   |   | 4 |   | 1 |   |   | 5 |
| 1 |   | 7 |   |   |   | 9 |   | 2 |
|   | 4 |   | 9 |   | 7 |   | 8 |   |
|   |   |   |   | 2 |   |   |   |   |

| | 7 | 6 | | | 4 | | | |
|---|---|---|---|---|---|---|---|---|
| | 5 | | | | | 2 | 1 | 4 |
| | 2 | | 3 | | | | | 8 |
| 9 | | | 4 | | 2 | 7 | | |
| | | | | 3 | | | | |
| | | 3 | 6 | | 8 | | | 1 |
| 4 | | | | | 7 | | 9 | |
| 2 | 9 | 8 | | | | | 5 | |
| | | | 5 | | | 3 | 8 | |

Toxic

| 9 | 2 |   |   | 6 |   |   | 5 | 4 |
|---|---|---|---|---|---|---|---|---|
|   |   | 1 |   |   |   | 6 |   |   |
|   | 3 | 6 |   | 2 |   | 1 | 8 |   |
| 8 |   |   | 6 |   | 7 |   |   | 3 |
|   |   |   |   |   |   |   |   |   |
| 2 |   |   | 3 |   | 9 |   |   | 7 |
|   | 5 | 7 |   | 3 |   | 4 | 9 |   |
|   |   | 2 |   |   |   | 8 |   |   |
| 3 | 8 |   |   | 5 |   |   | 2 | 6 |

| 9 |   | 2 |   |   |   | 4 |   | 8 |
|---|---|---|---|---|---|---|---|---|
|   |   | 6 |   |   |   | 5 |   |   |
|   |   |   | 9 | 4 | 2 |   |   |   |
| 7 |   |   | 5 |   | 3 |   |   | 4 |
| 8 |   |   |   | 9 |   |   |   | 2 |
| 4 |   |   | 7 |   | 8 |   |   | 3 |
|   |   |   | 1 | 8 | 4 |   |   |   |
|   |   | 4 |   |   |   | 9 |   |   |
| 3 |   | 5 |   |   |   | 8 |   | 6 |

Toxic

|   |   | 4 |   |   |   |   | 5 |   |
|---|---|---|---|---|---|---|---|---|
| 9 |   |   | 4 | 1 |   |   |   |   |
|   |   | 7 |   |   | 5 | 9 |   | 6 |
|   |   | 2 |   | 4 |   |   | 1 |   |
|   | 3 |   | 6 |   | 8 |   | 2 |   |
|   | 7 |   |   | 3 |   | 6 |   |   |
| 2 |   | 8 | 5 |   |   | 4 |   |   |
|   |   |   |   | 9 | 6 |   |   | 8 |
|   | 5 |   |   |   |   | 2 |   |   |

| 3 |   | 8 | 6 |   | 5 |   |   | 9 |
|---|---|---|---|---|---|---|---|---|
|   |   |   |   | 7 |   | 5 |   |   |
|   | 4 |   | 3 | 1 |   |   |   | 8 |
| 5 |   |   |   |   |   | 2 |   | 7 |
|   | 2 | 7 |   |   |   | 8 | 5 |   |
| 1 |   | 4 |   |   |   |   |   | 6 |
| 4 |   |   |   | 9 | 6 |   | 8 |   |
|   |   | 2 |   | 3 |   |   |   |   |
| 7 |   |   | 2 |   | 1 | 9 |   | 4 |

| | | | | 4 | | 5 | | |
|---|---|---|---|---|---|---|---|---|
| | 3 | 1 | 7 | 2 | | | 8 | |
| 5 | | | 9 | | | | 7 | |
| | | | | 7 | | 8 | 1 | |
| 4 | 6 | | 1 | | 8 | | 9 | 2 |
| | 7 | 8 | | 6 | | | | |
| | 1 | | | | 7 | | | 4 |
| | 4 | | | 9 | 2 | 1 | 3 | |
| | | 6 | | 8 | | | | |

| 7 |   |   |   | 9 | 8 | 5 |   |   |
|---|---|---|---|---|---|---|---|---|
|   | 4 |   |   |   |   |   | 7 |   |
|   |   | 8 | 5 |   | 7 |   |   | 1 |
|   |   | 2 |   |   | 4 | 7 |   | 6 |
| 1 |   |   |   | 2 |   |   |   | 9 |
| 6 |   | 4 | 7 |   |   | 3 |   |   |
| 4 |   |   | 6 |   | 5 | 1 |   |   |
|   | 9 |   |   |   |   |   | 5 |   |
|   |   | 6 | 9 | 7 |   |   |   | 3 |

Toxic

|   | 1 | 5 | 7 |   |   | 2 |   |   |
|---|---|---|---|---|---|---|---|---|
| 7 |   |   | 1 |   |   |   | 8 |   |
| 2 |   | 4 | 9 |   |   |   |   | 7 |
| 1 | 3 | 8 | 4 |   |   |   |   |   |
|   |   |   |   |   |   |   |   |   |
|   |   |   |   |   | 8 | 1 | 7 | 3 |
| 8 |   |   |   |   | 3 | 6 |   | 1 |
|   | 6 |   |   |   | 5 |   |   | 4 |
|   |   | 2 |   |   | 1 | 7 | 5 |   |

| | | | | 8 | 9 | 6 | 3 | |
|---|---|---|---|---|---|---|---|---|
| 3 | | 5 | 4 | | 6 | | | |
| 4 | | | | | | | 5 | |
| 6 | 7 | | 8 | | 2 | | 1 | |
| 2 | | | | | | | | 8 |
| | 5 | | 6 | | 3 | | 2 | 7 |
| | 9 | | | | | | | 5 |
| | | | 9 | | 4 | 1 | | 3 |
| | 3 | 4 | 1 | 5 | | | | |

Toxic

| 5 | 9 |   | 8 |   | 2 |   | 7 | 6 |
|---|---|---|---|---|---|---|---|---|
|   |   | 7 | 5 | 3 | 6 | 8 |   |   |
|   |   |   |   | 7 |   |   |   |   |
|   | 1 | 4 |   |   |   | 3 | 9 |   |
| 7 |   |   |   |   |   |   |   | 8 |
|   | 8 | 2 |   |   |   | 6 | 5 |   |
|   |   |   |   | 4 |   |   |   |   |
|   |   | 5 | 3 | 6 | 8 | 9 |   |   |
| 2 | 4 |   | 1 |   | 9 |   | 8 | 3 |

| 5 |   | 7 | 1 |   | 8 | 9 |   | 4 |
|---|---|---|---|---|---|---|---|---|
|   |   |   | 7 | 4 | 9 |   |   |   |
| 1 |   |   | 3 |   | 2 |   |   | 7 |
|   | 7 |   |   |   |   |   | 2 |   |
| 4 |   |   |   | 3 |   |   |   | 8 |
|   | 5 |   |   |   |   |   | 4 |   |
| 7 |   |   | 4 |   | 6 |   |   | 5 |
|   |   |   | 9 | 1 | 7 |   |   |   |
| 6 |   | 4 | 5 |   | 3 | 8 |   | 9 |

|   |   |   |   | 2 | 9 | 6 | 7 |   |
|---|---|---|---|---|---|---|---|---|
| 6 |   |   |   |   |   | 4 |   |   |
| 1 | 3 |   | 4 |   |   |   |   |   |
| 3 |   |   | 9 |   | 8 | 2 |   |   |
| 4 |   |   |   |   |   |   |   | 3 |
|   |   | 2 | 1 |   | 7 |   |   | 8 |
|   |   |   |   |   | 3 |   | 9 | 5 |
|   |   | 5 |   |   |   |   |   | 7 |
|   | 1 | 3 | 6 | 9 |   |   |   |   |

| | 4 | 8 | | 9 | | 6 | | |
|---|---|---|---|---|---|---|---|---|
| | 7 | | 8 | 4 | | | 2 | 1 |
| 6 | | | 3 | | | | | 8 |
| | | | | | | 2 | 5 | |
| 8 | 2 | | | | | | 6 | 9 |
| | 3 | 7 | | | | | | |
| 5 | | | | | 3 | | | 2 |
| 2 | 8 | | | 1 | 7 | | 9 | |
| | | 6 | | 2 | | 3 | 1 | |

|   |   |   | 3 |   |   | 5 |   |   |
|---|---|---|---|---|---|---|---|---|
|   | 1 |   |   |   |   | 8 | 3 |   |
| 5 | 6 |   |   | 4 | 2 |   |   |   |
|   |   | 9 |   | 8 |   |   |   | 3 |
|   |   | 8 | 6 |   | 5 | 1 |   |   |
| 7 |   |   |   | 2 |   | 9 |   |   |
|   |   |   | 2 | 3 |   |   | 4 | 9 |
|   | 3 | 6 |   |   |   |   | 7 |   |
|   |   | 4 |   |   | 9 |   |   |   |

| | | | 6 | | | | | 2 |
|---|---|---|---|---|---|---|---|---|
| 2 | | 8 | | 9 | | | | |
| 6 | 9 | | 7 | | | 8 | | 1 |
| 7 | | | 9 | 1 | | | | |
| | 8 | 5 | | | | 2 | 6 | |
| | | | | 2 | 5 | | | 3 |
| 4 | | 9 | | | 7 | | 5 | 8 |
| | | | | 3 | | 1 | | 7 |
| 5 | | | | | 4 | | | |

|   |   |   | 3 | 5 |   |   |   |   |
|---|---|---|---|---|---|---|---|---|
| 3 | 5 | 6 |   |   |   |   | 1 | 2 |
|   | 9 |   |   | 1 |   |   | 5 | 7 |
|   |   | 1 | 5 |   |   |   |   |   |
|   |   |   | 8 | 7 | 1 |   |   |   |
|   |   |   |   |   | 2 | 6 |   |   |
| 4 | 2 |   |   | 3 |   |   | 7 |   |
| 7 | 6 |   |   |   |   | 4 | 3 | 5 |
|   |   |   |   | 9 | 7 |   |   |   |

| | 1 | | | | | | 9 | |
|---|---|---|---|---|---|---|---|---|
| 5 | | | | | 8 | 6 | | 1 |
| | 3 | 9 | | 6 | 7 | 2 | | |
| | 9 | 5 | | 7 | | | | |
| | | 1 | 8 | | 6 | 5 | | |
| | | | | 1 | | 4 | 7 | |
| | | 4 | 9 | 8 | | 7 | 1 | |
| 9 | | 8 | 7 | | | | | 4 |
| | 2 | | | | | | 5 | |

| 2 |   |   | 8 |   |   | 9 |   | 1 |
|---|---|---|---|---|---|---|---|---|
|   | 8 | 1 |   |   |   |   | 6 |   |
| 4 |   |   | 3 | 1 |   |   | 7 |   |
|   |   |   | 7 |   | 6 | 1 |   | 3 |
|   |   | 3 |   | 8 |   | 7 |   |   |
| 7 |   | 5 | 2 |   | 3 |   |   |   |
|   | 7 |   |   | 3 | 2 |   |   | 9 |
|   | 4 |   |   |   |   | 6 | 1 |   |
| 6 |   | 9 |   |   | 8 |   |   | 7 |

| 5 | 6 |   |   |   | 9 |   |   |   |
|---|---|---|---|---|---|---|---|---|
| 1 |   |   |   | 2 |   | 7 |   |   |
|   |   | 3 |   | 7 |   | 9 | 1 |   |
|   |   |   |   | 8 | 2 |   |   | 7 |
|   | 7 | 9 | 1 |   | 4 | 5 | 2 |   |
| 8 |   |   | 3 | 9 |   |   |   |   |
|   | 3 | 6 |   | 5 |   | 2 |   |   |
|   |   | 1 |   | 4 |   |   |   | 3 |
|   |   |   | 9 |   |   |   | 5 | 1 |

Toxic

| 9 |   |   | 7 | 6 |   |   | 8 |   |
|---|---|---|---|---|---|---|---|---|
|   |   |   |   |   | 1 | 4 |   | 6 |
|   |   |   |   | 4 |   | 9 | 2 |   |
| 5 |   |   |   |   | 2 |   | 1 |   |
| 1 |   | 7 |   |   |   | 2 |   | 3 |
|   | 9 |   | 1 |   |   |   |   | 8 |
|   | 4 | 8 |   | 2 |   |   |   |   |
| 7 |   | 1 | 4 |   |   |   |   |   |
|   | 3 |   |   | 1 | 7 |   |   | 5 |

| | 1 | | | | 7 | 8 | | |
|---|---|---|---|---|---|---|---|---|
| | | | | | | 4 | | 2 |
| 4 | 7 | 2 | | 3 | 6 | 9 | | |
| 5 | | 7 | | 1 | | | | |
| | | 8 | 3 | | 4 | 7 | | |
| | | | | 7 | | 3 | | 1 |
| | | 4 | 7 | 2 | | 5 | 3 | 8 |
| 8 | | 3 | | | | | | |
| | | 1 | 4 | | | | 9 | |

Toxic

| 5 |   |   | 3 |   | 8 |   |   | 4 |
|---|---|---|---|---|---|---|---|---|
|   |   | 9 |   | 4 |   |   |   |   |
|   |   | 1 | 9 |   |   | 8 | 7 |   |
| 1 |   |   |   | 3 |   | 7 |   | 2 |
|   | 4 |   | 6 |   | 5 |   | 8 |   |
| 8 |   | 5 |   | 7 |   |   |   | 3 |
|   | 5 | 4 |   |   | 3 | 9 |   |   |
|   |   |   |   | 5 |   | 4 |   |   |
| 3 |   |   | 4 |   | 1 |   |   | 8 |

|   |   |   | 1 |   | 9 |   |   | 6 |
|---|---|---|---|---|---|---|---|---|
|   | 4 | 6 |   |   | 7 |   | 9 | 8 |
|   |   |   |   |   |   | 7 | 2 |   |
| 2 |   |   |   | 3 | 1 |   | 4 | 9 |
|   |   |   |   |   |   |   |   |   |
| 3 | 1 |   | 8 | 7 |   |   |   | 2 |
|   | 5 | 1 |   |   |   |   |   |   |
| 6 | 2 |   | 9 |   |   | 4 | 1 |   |
| 9 |   |   | 4 |   | 6 |   |   |   |

| | | 8 | | | 4 | 2 | | |
|---|---|---|---|---|---|---|---|---|
| | 6 | 2 | 1 | | | | 5 | |
| 3 | | | 7 | | | | 8 | 1 |
| 5 | | | | 7 | | 8 | 6 | |
| | | | 9 | | 3 | | | |
| | 2 | 7 | | 6 | | | | 9 |
| 8 | 3 | | | | 7 | | | 2 |
| | 4 | | | | 8 | 6 | 9 | |
| | | 9 | 6 | | | 3 | | |

| | | | | | | | | |
|---|---|---|---|---|---|---|---|---|
| | 7 | 1 | 4 | | 5 | | 3 | |
| | | 5 | 7 | 9 | | 6 | 1 | |
| | 9 | | | 2 | | 8 | 5 | |
| | | 6 | 5 | | 7 | 1 | | |
| | 2 | 8 | | 1 | | | 6 | |
| | 5 | 9 | | 7 | 6 | 3 | | |
| | 6 | | 9 | | 3 | 7 | 4 | |
| | | | | | | | | |

|   |   | 6 |   |   | 4 |   |   |   |
|---|---|---|---|---|---|---|---|---|
|   | 5 |   | 8 | 1 |   | 3 | 4 |   |
|   | 4 |   | 2 |   |   |   |   | 1 |
| 5 |   |   |   | 7 |   | 6 | 8 |   |
|   | 7 |   | 3 |   | 9 |   | 5 |   |
|   | 8 | 3 |   | 4 |   |   |   | 9 |
| 4 |   |   |   |   | 3 |   | 6 |   |
|   | 2 | 9 |   | 6 | 1 |   | 3 |   |
|   |   |   | 5 |   |   | 4 |   |   |

| | 3 | 9 | 6 | 5 | | | | |
|---|---|---|---|---|---|---|---|---|
| | | | | | 8 | | | 7 |
| | | | 1 | 9 | 7 | | | 3 |
| | 6 | 7 | | | | 9 | | 5 |
| 4 | | 1 | | | | 3 | | 8 |
| 8 | | 3 | | | | 7 | 1 | |
| 9 | | | 7 | 6 | 1 | | | |
| 3 | | | 9 | | | | | |
| | | | | 3 | 4 | 1 | 5 | |

Toxic

|   |   | 6 | 1 | 4 | 2 | 7 |   |   |
|---|---|---|---|---|---|---|---|---|
|   | 2 |   | 6 | 3 | 5 |   | 4 |   |
|   |   |   |   |   |   |   |   |   |
|   | 1 | 8 |   | 5 |   | 3 | 9 |   |
|   |   | 9 |   |   |   | 4 |   |   |
|   | 5 | 3 |   | 9 |   | 6 | 7 |   |
|   |   |   |   |   |   |   |   |   |
|   | 9 |   | 5 | 1 | 7 |   | 3 |   |
|   |   | 4 | 8 | 6 | 3 | 2 |   |   |

Su Doku

| 5 |   |   |   |   | 2 |   | 7 |   |
|---|---|---|---|---|---|---|---|---|
|   |   | 7 |   | 6 |   |   | 9 | 1 |
|   | 6 | 8 |   | 1 | 9 |   |   |   |
|   |   |   |   |   |   | 6 |   | 5 |
|   | 5 | 6 |   |   |   | 1 | 4 |   |
| 3 |   | 1 |   |   |   |   |   |   |
|   |   |   | 6 | 4 |   | 7 | 5 |   |
| 6 | 9 |   |   | 7 |   | 3 |   |   |
|   | 7 |   | 1 |   |   |   |   | 4 |

Toxic

| 8 | 1 |   | 9 |   | 7 |   | 2 | 5 |
|---|---|---|---|---|---|---|---|---|
|   |   |   | 2 |   | 8 |   |   |   |
| 9 |   | 3 |   |   |   | 4 |   | 8 |
|   |   |   | 6 |   | 4 |   |   |   |
|   | 7 | 2 |   |   |   | 1 | 4 |   |
|   |   |   | 7 |   | 2 |   |   |   |
| 5 |   | 8 |   |   |   | 3 |   | 7 |
|   |   |   | 5 |   | 1 |   |   |   |
| 2 | 9 |   | 3 |   | 6 |   | 8 | 4 |

| 3 |   |   | 8 |   |   |   |   |   |
|---|---|---|---|---|---|---|---|---|
| 2 | 5 | 9 | 4 |   |   |   |   |   |
|   |   | 8 |   | 1 |   | 9 |   | 7 |
|   | 9 |   |   |   |   |   |   |   |
|   | 6 |   | 9 | 3 | 8 |   | 1 |   |
|   |   |   |   |   |   |   | 4 |   |
| 4 |   | 7 |   | 5 |   | 6 |   |   |
|   |   |   |   |   | 6 | 7 | 5 | 8 |
|   |   |   |   |   | 9 |   |   | 2 |

| 6 |   | 3 |   |   | 8 |   |   |   |
|---|---|---|---|---|---|---|---|---|
|   |   |   | 3 | 5 | 7 |   |   |   |
| 9 |   | 5 | 1 |   |   | 8 |   |   |
|   | 9 | 8 |   |   | 2 |   | 7 | 5 |
|   | 5 |   |   |   |   |   | 6 |   |
| 7 | 2 |   | 5 |   |   | 9 | 4 |   |
|   |   | 9 |   |   | 5 | 4 |   | 3 |
|   |   |   | 8 | 3 | 9 |   |   |   |
|   |   |   | 4 |   |   | 1 |   | 9 |

| 8 | 7 | 2 |   |   | 5 |   | 3 | 6 |
|---|---|---|---|---|---|---|---|---|
|   | 1 | 3 |   |   |   |   | 9 |   |
| 5 |   |   |   |   |   |   |   |   |
| 9 |   | 1 | 3 |   |   |   |   |   |
|   | 6 |   | 2 |   | 8 |   | 4 |   |
|   |   |   |   |   | 7 | 5 |   | 1 |
|   |   |   |   |   |   |   |   | 2 |
|   | 3 |   |   |   |   | 1 | 7 |   |
| 1 | 8 |   | 6 |   |   | 3 | 5 | 9 |

Toxic

| 2 |   | 1 |   |   |   | 6 |   | 4 |
|   |   |   |   |   | 5 |   |   |   |
| 3 |   | 5 | 4 |   | 8 | 9 |   | 1 |
|   | 9 | 8 |   | 4 |   | 2 |   |   |
|   |   |   | 8 |   | 1 |   |   |   |
|   |   | 4 |   | 7 |   | 5 | 8 |   |
| 4 |   | 6 | 7 |   | 2 | 1 |   | 5 |
|   |   |   | 5 |   |   |   |   |   |
| 8 |   | 2 |   |   |   | 3 |   | 6 |

| 5 |   |   |   | 9 |   |   |   | 8 |
|---|---|---|---|---|---|---|---|---|
|   | 6 |   | 2 |   | 7 |   | 4 |   |
|   |   | 9 |   |   |   | 2 |   |   |
|   | 2 | 8 |   |   |   | 7 | 3 |   |
|   |   |   | 6 |   | 4 |   |   |   |
|   | 7 | 5 |   |   |   | 1 | 6 |   |
|   |   | 4 |   |   |   | 8 |   |   |
|   | 1 |   | 3 |   | 2 |   | 9 |   |
| 3 |   |   |   | 4 |   |   |   | 1 |

Toxic

| 5 |   |   |   |   | 2 | 3 |   |   |
|---|---|---|---|---|---|---|---|---|
|   |   |   |   | 6 | 3 | 4 | 1 |   |
|   | 1 |   | 9 |   |   |   |   | 7 |
|   |   |   |   |   | 8 | 9 | 6 |   |
|   |   | 9 |   | 5 |   | 7 |   |   |
|   | 6 | 1 | 4 |   |   |   |   |   |
| 6 |   |   |   |   | 7 |   | 3 |   |
|   | 9 | 8 | 3 | 4 |   |   |   |   |
|   |   | 4 | 2 |   |   |   |   | 8 |

| 3 |   | 5 |   | 8 | 7 |   |   |   |
|---|---|---|---|---|---|---|---|---|
|   | 1 |   | 3 |   | 4 | 8 |   |   |
|   | 6 |   |   |   |   | 9 |   |   |
|   | 7 | 8 | 5 |   |   |   |   |   |
|   |   |   | 4 |   | 2 |   |   |   |
|   |   |   |   |   | 1 | 7 | 9 |   |
|   |   | 6 |   |   |   |   | 1 |   |
|   |   | 9 | 6 |   | 8 |   | 2 |   |
|   |   |   | 2 | 4 |   | 6 |   | 5 |

Toxic

| | 1 | 3 | 2 | | | 7 | 4 | 5 | |
|---|---|---|---|---|---|---|---|---|---|
| | 5 | | | | | | | 8 | |
| | | 2 | | 9 | | 7 | | | |
| 2 | | | | 3 | | | | | 5 |
| | | | 9 | | 5 | | | | |
| 5 | | | | 7 | | | | | 8 |
| | | 7 | | 4 | | 5 | | | |
| | 4 | | | | | | | 2 | |
| | 3 | 5 | 7 | | 8 | 9 | 1 | |

| | 1 | | | | | | 7 | |
|---|---|---|---|---|---|---|---|---|
| 7 | 3 | | | 4 | | | | 1 |
| | | 6 | | | 5 | | | |
| | | 8 | 6 | 1 | | 7 | | |
| 5 | | | 4 | | 9 | | | 8 |
| | | 2 | | 8 | 7 | 9 | | |
| | | | 9 | | | 5 | | |
| 4 | | | | 2 | | | 3 | 6 |
| | 2 | | | | | | 8 | |

Toxic

|   | 5 |   |   |   |   |   |   |   |
|---|---|---|---|---|---|---|---|---|
| 4 | 7 | 1 |   | 5 |   |   | 8 |   |
|   |   |   |   |   |   | 5 | 3 | 2 |
|   | 9 |   |   | 7 | 3 | 4 |   |   |
|   |   | 5 | 9 |   | 4 | 7 |   |   |
|   |   | 4 | 8 | 6 |   |   | 9 |   |
| 1 | 8 | 6 |   |   |   |   |   |   |
|   | 4 |   |   | 3 |   | 6 | 7 | 9 |
|   |   |   |   |   |   |   | 5 |   |

| 3 |   |   | 8 |   | 2 | 9 |   | 4 |
|---|---|---|---|---|---|---|---|---|
|   |   | 5 |   |   |   | 3 |   |   |
| 9 | 6 |   | 1 |   | 4 |   | 7 |   |
| 7 |   | 2 |   |   |   | 5 |   | 9 |
|   |   |   |   | 1 |   |   |   |   |
| 4 |   | 3 |   |   |   | 8 |   | 6 |
|   | 2 |   | 4 |   | 7 |   | 5 | 3 |
|   |   | 4 |   |   |   | 6 |   |   |
| 5 |   | 7 | 3 |   | 1 |   |   | 8 |

|   | 1 |   |   |   | 4 | 5 |   | 9 |
|---|---|---|---|---|---|---|---|---|
|   |   |   |   | 5 | 9 | 4 |   |   |
|   |   |   | 6 |   |   |   |   | 7 |
|   |   |   |   |   | 5 | 1 | 7 |   |
|   |   | 5 |   | 8 |   | 6 |   |   |
|   | 6 | 2 | 4 |   |   |   |   |   |
| 7 |   |   |   |   | 1 |   |   |   |
|   |   | 1 | 2 | 3 |   |   |   |   |
| 8 |   | 4 | 7 |   |   |   | 3 |   |

|   |   |   |   | 4 | 1 | 9 |   |   |
|---|---|---|---|---|---|---|---|---|
|   |   | 9 |   |   | 3 | 5 |   |   |
|   | 5 |   |   | 7 |   |   | 1 | 3 |
|   |   |   | 1 |   |   |   | 6 | 4 |
| 6 |   | 1 |   |   |   | 3 |   | 8 |
| 5 | 2 |   |   |   | 6 |   |   |   |
| 1 | 7 |   |   | 2 |   |   | 3 |   |
|   |   | 6 | 3 |   |   | 1 |   |   |
|   |   | 3 | 9 | 1 |   |   |   |   |

| 5 |   | 6 |   |   | 9 |   |   |   |
|---|---|---|---|---|---|---|---|---|
| 8 |   | 9 | 7 |   |   |   |   |   |
|   |   |   |   |   |   |   | 4 | 7 |
| 2 | 5 |   |   | 8 |   |   |   |   |
| 7 |   |   | 1 |   | 4 |   |   | 8 |
|   |   |   |   | 3 |   |   | 9 | 2 |
| 6 | 3 |   |   |   |   |   |   |   |
|   |   |   |   |   | 1 | 2 |   | 3 |
|   |   |   | 4 |   |   | 7 |   | 6 |

|   |   | 9 | 4 |   |   |   |   | 8 |
|---|---|---|---|---|---|---|---|---|
|   |   |   | 3 | 6 |   | 1 |   |   |
| 3 |   | 8 |   |   |   |   | 5 |   |
| 4 | 8 |   | 7 | 2 |   |   |   |   |
|   | 2 |   | 5 |   | 4 |   | 7 |   |
|   |   |   |   | 1 | 6 |   | 4 | 2 |
|   | 7 |   |   |   |   | 4 |   | 1 |
|   |   | 6 |   | 3 | 7 |   |   |   |
| 8 |   |   |   |   | 5 | 3 |   |   |

Toxic

| 4 |   |   | 9 | 2 | 1 |   | 3 | 8 |
|---|---|---|---|---|---|---|---|---|
| 3 | 9 |   |   |   | 8 |   | 7 |   |
|   |   |   | 3 |   |   |   |   |   |
| 6 | 3 |   |   |   |   | 4 |   | 1 |
| 7 |   |   |   |   |   |   |   | 2 |
| 8 |   | 4 |   |   |   |   | 5 | 6 |
|   |   |   |   |   | 6 |   |   |   |
|   | 4 |   | 8 |   |   |   | 2 | 3 |
| 9 | 6 |   | 2 | 4 | 3 |   |   | 5 |

| | 4 | | 2 | | 5 | | | |
|---|---|---|---|---|---|---|---|---|
| | | | 8 | | | | | 7 |
| | | 9 | | 1 | | 3 | | |
| 7 | | | | 4 | | | 3 | 9 |
| | | 8 | 3 | | 1 | 7 | | |
| 3 | 1 | | | 5 | | | | 6 |
| | | 2 | | 7 | | 5 | | |
| 9 | | | | | 2 | | | |
| | | | 1 | | 4 | | 2 | |

Toxic

| | | | | 8 | 5 | | | |
|---|---|---|---|---|---|---|---|---|
| | 5 | 4 | | 6 | | | 2 | |
| 7 | | 8 | | | | | | |
| 2 | | | | | | 8 | | 1 |
| 9 | | 1 | 3 | | 8 | 4 | | 6 |
| 8 | | 5 | | | | | | 3 |
| | | | | | | 3 | | 9 |
| | 8 | | | 7 | | 1 | 4 | |
| | | | 1 | 5 | | | | |

|   |   | 2 | 6 | 8 |   |   | 3 |   |
|---|---|---|---|---|---|---|---|---|
| 6 |   | 4 |   |   |   |   |   |   |
|   |   |   | 1 | 4 |   |   | 8 | 9 |
|   |   |   | 2 |   | 3 | 7 |   | 8 |
| 8 |   | 7 |   | 6 |   | 1 |   | 3 |
| 4 |   | 3 | 7 |   | 8 |   |   |   |
| 5 | 7 |   |   | 2 | 4 |   |   |   |
|   |   |   |   |   |   | 9 |   | 5 |
|   | 9 |   |   | 3 | 6 | 8 |   |   |

Toxic

| 5 |   |   |   |   |   | 2 | 6 |   |
|---|---|---|---|---|---|---|---|---|
|   |   |   | 9 |   |   |   | 4 |   |
| 4 |   |   |   | 6 |   |   |   | 9 |
|   | 9 |   |   | 4 |   | 7 | 5 |   |
| 1 |   | 7 |   |   |   | 8 |   | 3 |
|   | 3 | 5 |   | 7 |   |   | 1 |   |
| 7 |   |   |   | 5 |   |   |   | 6 |
|   | 5 |   |   |   | 3 |   |   |   |
|   | 2 | 1 |   |   |   |   |   | 8 |

| | 9 | 8 | | | 3 | | | |
|---|---|---|---|---|---|---|---|---|
| 3 | | | | | | 7 | 4 | 8 |
| 4 | | | | | 1 | | | |
| 7 | 8 | 4 | | | | 2 | | |
| 9 | 3 | | | | | | 1 | 7 |
| | | 1 | | | | 5 | 8 | 3 |
| | | | 5 | | | | | 6 |
| 6 | 7 | 3 | | | | | | 2 |
| | | | 6 | | | 8 | 3 | |

| | | 6 | 1 | | | | 2 | |
|---|---|---|---|---|---|---|---|---|
| | | | | | 3 | | | 9 |
| | | 4 | 9 | 8 | | 7 | | 1 |
| | | 9 | 8 | | | | | |
| | 5 | | 2 | | 6 | | 3 | |
| | | | | | 7 | 1 | | |
| 4 | | 3 | | 7 | 8 | 2 | | |
| 1 | | | 3 | | | | | |
| | 2 | | | | 9 | 5 | | |

|   |   |   |   |   | 1 | 8 | 3 |   |
|---|---|---|---|---|---|---|---|---|
|   |   |   |   |   | 2 |   | 7 | 1 |
|   |   | 7 |   | 4 | 8 | 2 |   | 6 |
|   |   |   |   |   |   | 3 | 5 | 2 |
|   |   | 5 |   |   |   | 6 |   |   |
| 6 | 3 | 4 |   |   |   |   |   |   |
| 7 |   | 1 | 2 | 3 |   | 5 |   |   |
| 3 | 4 |   | 8 |   |   |   |   |   |
|   | 2 | 6 | 7 |   |   |   |   |   |

Toxic

| | | 7 | | 6 | | | | 3 |
|---|---|---|---|---|---|---|---|---|
| | | 8 | 3 | | | | | |
| | | | 1 | 5 | | 8 | 9 | 7 |
| 8 | 7 | 9 | | | | | | |
| | 2 | | | 4 | | | 8 | |
| | | | | | | 1 | 7 | 6 |
| 6 | 8 | 1 | | 2 | 4 | | | |
| | | | | | 1 | 6 | | |
| 5 | | | | 7 | | 4 | | |

| | | 6 | | 4 | | | 7 | |
|---|---|---|---|---|---|---|---|---|
| 4 | 7 | | | | | 1 | 8 | |
| | 2 | | | | 7 | | | 4 |
| | | 7 | 8 | | 3 | | | |
| 3 | | | | 9 | | | | 2 |
| | | | 5 | | 2 | 4 | | |
| 7 | | | 4 | | | | 6 | |
| | 6 | 8 | | | | | 4 | 5 |
| | 1 | | | 6 | | 8 | | |

|   |   | 6 |   |   |   | 2 |   | 9 |
|---|---|---|---|---|---|---|---|---|
|   |   |   |   |   | 2 |   | 7 |   |
| 7 |   | 5 |   |   | 3 | 8 |   |   |
|   | 7 | 3 |   | 9 |   |   |   | 5 |
|   | 9 | 4 |   |   |   | 7 | 3 |   |
| 6 |   |   |   | 7 |   | 9 | 2 |   |
|   |   | 2 | 5 |   |   | 4 |   | 8 |
|   | 3 |   | 8 |   |   |   |   |   |
| 4 |   | 9 |   |   |   | 3 |   |   |

|   |   | 8 |   | 1 |   | 3 |   |   |
|---|---|---|---|---|---|---|---|---|
|   | 3 | 1 |   |   |   | 7 | 4 |   |
| 7 |   |   |   | 3 |   |   |   | 1 |
| 1 |   |   | 2 |   | 3 |   |   | 7 |
|   |   | 3 |   | 9 |   | 6 |   |   |
| 9 |   |   | 6 |   | 8 |   |   | 2 |
| 5 |   |   |   | 6 |   |   |   | 3 |
|   | 6 | 4 |   |   |   | 9 | 2 |   |
|   |   | 2 |   | 5 |   | 4 |   |   |

Toxic

| | 7 | | 6 | 3 | 5 | | | |
|---|---|---|---|---|---|---|---|---|
| | 3 | | | | | | 4 | 6 |
| | 8 | | | | 9 | | | 3 |
| 3 | | | | | 8 | | | |
| 9 | | | 3 | 5 | 6 | | | 2 |
| | | | 9 | | | | | 1 |
| 8 | | | 5 | | | | 6 | |
| 5 | 1 | | | | | | 9 | |
| | | | 7 | 9 | 2 | | 8 | |

| 5 | 9 |   |   | 4 |   |   |   | 2 |
|---|---|---|---|---|---|---|---|---|
|   |   | 2 |   |   | 8 |   |   |   |
|   |   | 4 |   | 1 | 3 |   |   |   |
|   |   |   |   |   |   |   | 9 | 1 |
| 9 | 2 |   | 4 |   | 5 |   | 8 | 6 |
| 8 | 3 |   |   |   |   |   |   |   |
|   |   |   | 9 | 3 |   | 5 |   |   |
|   |   |   | 8 |   |   | 6 |   |   |
| 2 |   |   |   | 6 |   |   | 1 | 9 |

Toxic

| 9 | 1 | 4 |   |   | 5 | 2 | 6 |   |
|---|---|---|---|---|---|---|---|---|
|   |   |   |   | 7 |   | 3 |   | 1 |
|   |   | 5 |   |   |   |   |   |   |
|   |   |   | 5 |   |   | 4 |   |   |
|   | 3 |   | 7 |   | 2 |   | 9 |   |
|   |   | 2 |   |   | 3 |   |   |   |
|   |   |   |   |   |   | 7 |   |   |
| 4 |   | 9 |   | 2 |   |   |   |   |
|   | 6 | 7 | 3 |   |   | 9 | 1 | 5 |

Su Doku

| 5 |   | 7 |   |   | 2 |   |   | 8 |
|---|---|---|---|---|---|---|---|---|
|   |   |   |   |   | 1 | 5 |   |   |
|   | 3 | 1 |   | 4 |   | 9 |   | 6 |
| 1 | 8 |   | 5 |   | 7 |   |   |   |
|   |   | 5 |   | 8 |   | 7 |   |   |
|   |   |   | 1 |   | 4 |   | 5 | 2 |
| 7 |   | 8 |   | 1 |   | 2 | 9 |   |
|   |   | 4 | 3 |   |   |   |   |   |
| 9 |   |   | 2 |   |   | 4 |   | 1 |

| | 3 | | 1 | | | | | |
|---|---|---|---|---|---|---|---|---|
| | 7 | 8 | | | | | 2 | 3 |
| | | 9 | 3 | | | 5 | 7 | |
| | | | | 7 | | 6 | | 1 |
| | | | 4 | | 1 | | | |
| 9 | | 6 | | 3 | | | | |
| | 4 | 5 | | | 3 | 7 | | |
| 8 | 6 | | | | | 4 | 5 | |
| | | | | | 4 | | 8 | |

| 5 | 4 |   |   |   | 1 |   |   | 9 |
|---|---|---|---|---|---|---|---|---|
| 6 |   |   |   |   |   | 2 | 7 |   |
|   |   |   |   | 6 | 7 |   |   |   |
|   | 6 |   |   | 9 | 3 |   |   | 8 |
|   | 9 |   |   |   |   |   | 5 |   |
| 8 |   |   | 1 | 4 |   |   | 6 |   |
|   |   |   | 9 | 3 |   |   |   |   |
|   | 7 | 5 |   |   |   |   |   | 6 |
| 9 |   |   | 6 |   |   |   | 8 | 2 |

Toxic

| | | | | | | 1 | 5 | |
|---|---|---|---|---|---|---|---|---|
| 6 | | 3 | 5 | | | | | |
| | | 7 | 6 | 1 | 8 | | | |
| | 3 | | | | 2 | | 8 | |
| | 6 | | 4 | | 3 | | 2 | |
| | 9 | | 7 | | | | 6 | |
| | | | 2 | 4 | 6 | 8 | | |
| | | | | | 7 | 9 | | 3 |
| | 8 | 4 | | | | | | |

| 1 |   |   | 2 | 6 |   |   | 4 |   |
|---|---|---|---|---|---|---|---|---|
| 5 |   |   |   |   |   | 1 | 3 |   |
|   |   |   |   |   |   | 6 |   | 2 |
|   | 3 |   |   |   | 8 |   |   | 4 |
|   | 9 |   | 4 |   | 3 |   | 2 |   |
| 2 |   |   | 9 |   |   |   | 1 |   |
| 9 |   | 6 |   |   |   |   |   |   |
|   | 1 | 8 |   |   |   |   |   | 5 |
|   | 4 |   |   | 8 | 9 |   |   | 7 |

|   |   | 2 | 1 |   | 8 |   |   | 7 |
|---|---|---|---|---|---|---|---|---|
|   |   |   |   | 3 |   | 9 |   | 8 |
|   | 1 |   |   |   |   |   |   |   |
| 9 |   | 6 |   | 8 |   |   |   |   |
|   | 8 | 1 |   | 5 |   | 4 | 9 |   |
|   |   |   |   | 2 |   | 8 |   | 5 |
|   |   |   |   |   |   |   | 7 |   |
| 3 |   | 8 |   | 9 |   |   |   |   |
| 4 |   |   | 7 |   | 3 | 2 |   |   |

| | 4 | | 3 | 9 | 8 | | 7 | |
|---|---|---|---|---|---|---|---|---|
| | 3 | | | | | | 6 | |
| 8 | 5 | | | | | | 4 | 3 |
| 3 | | | 6 | | 9 | | | 5 |
| 6 | | | | | | | | 4 |
| 4 | | | 1 | | 7 | | | 8 |
| 5 | 7 | | | | | | 1 | 6 |
| | 2 | | | | | | 8 | |
| | 6 | | 7 | 8 | 3 | | 5 | |

Toxic

| | 8 | 5 | | | 7 | | 1 | |
|---|---|---|---|---|---|---|---|---|
| 7 | | | 9 | | | | | 8 |
| | | 1 | | | | 3 | | 5 |
| 6 | | | 7 | | 5 | | 2 | |
| | | | | 6 | | | | |
| | 2 | | 1 | | 4 | | | 9 |
| 3 | | 9 | | | | 2 | | |
| 1 | | | | | 2 | | | 6 |
| | 4 | | 5 | | | 7 | 8 | |

| 3 |   | 5 |   | 8 | 2 |   |   |   |
|---|---|---|---|---|---|---|---|---|
|   |   |   |   |   |   |   | 2 |   |
| 6 |   |   | 9 |   | 4 |   | 3 |   |
| 9 |   |   |   |   | 5 |   |   | 2 |
|   |   | 8 | 4 | 6 | 9 | 1 |   |   |
| 4 |   |   | 7 |   |   |   |   | 9 |
|   | 6 |   | 5 |   | 1 |   |   | 3 |
|   | 4 |   |   |   |   |   |   |   |
|   |   |   | 2 | 7 |   | 4 |   | 8 |

Toxic

| | | | 9 | | | | 7 | 5 |
|---|---|---|---|---|---|---|---|---|
| | | 1 | | 5 | | 4 | | 2 |
| | | | 8 | | 2 | | 3 | |
| | | | | | 5 | 3 | | 1 |
| 5 | | | | 9 | | | | 6 |
| 1 | | 4 | 6 | | | | | |
| | 6 | | 2 | | 8 | | | |
| 8 | | 9 | | 3 | | 7 | | |
| 2 | 7 | | | | 9 | | | |

|   |   |   |   |   | 5 |   |   | 1 |
|---|---|---|---|---|---|---|---|---|
| 3 |   |   |   | 7 |   |   |   |   |
|   | 2 | 4 |   | 9 |   |   | 8 | 5 |
|   | 5 | 9 |   |   |   | 4 |   |   |
|   |   | 7 | 6 |   | 2 | 3 |   |   |
|   |   | 2 |   |   |   | 5 | 6 |   |
| 2 | 4 |   |   | 3 |   | 1 | 5 |   |
|   |   |   |   | 4 |   |   |   | 6 |
| 7 |   |   | 5 |   |   |   |   |   |

Toxic

|   |   | 5 | 2 |   | 6 |   |   |   |
|---|---|---|---|---|---|---|---|---|
|   |   | 6 |   | 8 |   |   |   | 4 |
|   |   | 7 |   |   | 9 |   |   |   |
| 7 | 3 |   | 5 |   |   |   |   |   |
|   | 5 | 4 |   |   |   | 1 | 7 |   |
|   |   |   |   |   | 3 |   | 8 | 6 |
|   |   |   | 1 |   |   | 7 |   |   |
| 1 |   |   |   | 3 |   | 4 |   |   |
|   |   |   | 9 |   | 5 | 8 |   |   |

| | 6 | | 8 | 5 | | | | |
|---|---|---|---|---|---|---|---|---|
| | | | 1 | | 6 | | 4 | 2 |
| | | | 3 | | 1 | | | |
| | | | | | | 5 | 3 | 7 |
| | 7 | 5 | | | | 2 | 6 | |
| 3 | 8 | 6 | | | | | | |
| | | 9 | | 4 | | | | |
| 8 | 3 | | 7 | | 1 | | | |
| | | | | 6 | 3 | | 8 | |

Toxic

| 4 |   |   |   |   | 9 | 2 | 3 |   |
|---|---|---|---|---|---|---|---|---|
|   |   | 2 | 7 |   |   | 5 |   |   |
|   |   | 3 |   |   | 8 |   | 6 |   |
|   |   |   |   |   | 5 |   | 8 |   |
|   |   |   |   | 2 |   |   |   |   |
|   | 5 |   | 4 |   |   |   |   |   |
|   | 8 |   | 1 |   |   | 4 |   |   |
|   |   | 5 |   |   | 6 | 8 |   |   |
|   | 9 | 6 | 5 |   |   |   |   | 7 |

| | 4 | | 5 | | | | | |
|---|---|---|---|---|---|---|---|---|
| 7 | | 3 | | | | | 1 | 2 |
| 9 | 5 | | | | | | 3 | 4 |
| | | | 7 | | | | | |
| | 8 | 5 | 2 | | 7 | 6 | | |
| | | | 3 | | | | | |
| 4 | 7 | | | | | | 9 | 1 |
| 1 | 2 | | | | 6 | | | 7 |
| | | | | 1 | | 4 | | |

| 3 |   |   |   | 5 |   |   | 1 | 4 |
|---|---|---|---|---|---|---|---|---|
|   | 1 |   | 6 |   | 9 |   |   | 8 |
|   |   | 9 |   | 3 |   |   |   |   |
|   | 2 |   |   |   | 5 |   | 8 |   |
| 5 |   | 6 |   |   |   | 3 |   | 2 |
|   | 3 |   | 8 |   |   |   | 9 |   |
|   |   |   |   | 7 |   | 8 |   |   |
| 6 |   |   | 1 |   | 2 |   | 7 |   |
| 4 | 7 |   |   | 9 |   |   |   | 6 |

| 5 |   |   |   | 8 |   | 2 | 6 | 9 |
|---|---|---|---|---|---|---|---|---|
| 4 |   |   | 1 | 9 |   |   |   |   |
| 8 |   |   |   | 2 | 7 |   |   |   |
|   |   | 9 |   |   |   |   | 7 |   |
| 6 | 7 | 5 |   |   |   | 1 | 2 | 8 |
|   | 4 |   |   |   |   | 5 |   |   |
|   |   |   | 2 | 7 |   |   |   | 1 |
|   |   |   |   | 5 | 3 |   |   | 2 |
| 2 | 3 | 8 |   | 4 |   |   |   | 7 |

Toxic

| | | 2 | | 1 | | | 7 | |
|---|---|---|---|---|---|---|---|---|
| | 7 | 5 | | | 8 | | | |
| 1 | | 4 | | | 3 | | | |
| 7 | 5 | | | | | | | 4 |
| | | | 8 | | 5 | | | |
| 2 | | | | | | | 3 | 8 |
| | | | 4 | | | 8 | | 6 |
| | | | 1 | | | 9 | 5 | |
| | 9 | | | 7 | | 1 | | |

|   |   | 7 |   |   |   |   | 3 |   |
|---|---|---|---|---|---|---|---|---|
|   | 8 | 5 | 3 |   | 9 |   |   | 1 |
| 3 | 9 |   |   |   | 5 | 7 |   |   |
|   | 6 |   |   | 3 |   | 5 | 9 |   |
|   |   |   | 8 | 1 | 4 |   |   |   |
|   | 3 | 4 |   | 5 |   |   | 2 |   |
|   |   | 3 | 7 |   |   |   | 5 | 6 |
| 8 |   |   | 5 |   | 3 | 2 | 4 |   |
|   | 5 |   |   |   |   | 3 |   |   |

Toxic

| | 2 | | | | 3 | | 8 | 1 |
|---|---|---|---|---|---|---|---|---|
| | 6 | | | | 2 | | | 7 |
| | | | 6 | 8 | | | | |
| | 4 | 1 | | | 7 | | | |
| 3 | | 2 | 1 | | 8 | 5 | | 6 |
| | | | 9 | | | 1 | 4 | |
| | | | | 6 | 9 | | | |
| 7 | | | 2 | | | | 6 | |
| 8 | 1 | | 7 | | | | 2 | |

| | 3 | 6 | | 7 | 2 | | | |
|---|---|---|---|---|---|---|---|---|
| 2 | | 4 | | | | 1 | | |
| 9 | | | | | | | 7 | 2 |
| | | | 6 | 4 | | 3 | | |
| | | | 8 | | 9 | | | |
| | | 5 | | 1 | 3 | | | |
| 3 | 8 | | | | | | | 1 |
| | | 1 | | | | 8 | | 4 |
| | | | 1 | 2 | | 5 | 9 | |

| 8 | 7 | 5 |   |   |   |   |   | 4 |
|---|---|---|---|---|---|---|---|---|
|   |   |   |   |   | 5 |   |   | 7 |
|   |   |   | 2 | 3 |   |   |   | 6 |
|   | 3 |   | 5 |   | 1 | 8 |   |   |
|   |   | 7 |   | 2 |   | 4 |   |   |
|   |   | 1 | 4 |   | 6 |   | 7 |   |
| 2 |   |   |   | 5 | 4 |   |   |   |
| 7 |   |   | 1 |   |   |   |   |   |
| 3 |   |   |   |   |   | 6 | 4 | 1 |

| | | | 7 | | 8 | | | 1 |
|---|---|---|---|---|---|---|---|---|
| 9 | 6 | | | | | | | |
| | 1 | 7 | | | | 8 | | 3 |
| 3 | 7 | | 6 | | | | | |
| 2 | | | 1 | | 4 | | | 8 |
| | | | | | 2 | | 7 | 5 |
| 6 | | 3 | | | | 4 | 5 | |
| | | | | | | | 8 | 2 |
| 7 | | | 2 | | 3 | | | |

Toxic

|   |   | 2 | 5 | 6 | 9 | 3 |   |   |
|---|---|---|---|---|---|---|---|---|
|   | 5 | 4 |   |   |   | 9 | 2 |   |
|   |   | 7 |   |   |   | 5 |   |   |
| 2 |   |   | 9 | 8 | 7 |   |   | 5 |
|   |   |   |   | 1 |   |   |   |   |
| 1 |   |   | 3 | 4 | 5 |   |   | 2 |
|   |   | 1 |   |   |   | 2 |   |   |
|   | 3 | 6 |   |   |   | 7 | 9 |   |
|   |   | 5 | 4 | 9 | 8 | 1 |   |   |

| | | 2 | | | 9 | | | |
|---|---|---|---|---|---|---|---|---|
| 1 | | | | | | 6 | | 9 |
| | 6 | 9 | | 3 | 4 | | | |
| | | | 3 | | 1 | 9 | 4 | |
| | 4 | | | 6 | | | 7 | |
| | 3 | 6 | 9 | | 5 | | | |
| | | | 4 | 5 | | 8 | 9 | |
| 2 | | 5 | | | | | | 7 |
| | | | 8 | | | 5 | | |

| 6 |   | 5 |   |   |   | 9 |   | 2 |
|---|---|---|---|---|---|---|---|---|
|   |   | 7 | 6 |   |   |   |   |   |
| 4 |   |   | 5 | 9 |   |   | 7 | 3 |
|   |   |   | 3 |   | 9 | 4 | 2 |   |
|   |   | 6 |   |   |   | 3 |   |   |
|   | 8 | 2 | 1 |   | 4 |   |   |   |
| 7 | 2 |   |   | 1 | 6 |   |   | 9 |
|   |   |   |   |   | 3 | 2 |   |   |
| 8 |   | 4 |   |   |   | 7 |   | 1 |

|   |   | 3 |   |   |   | 1 |   |   |
|---|---|---|---|---|---|---|---|---|
|   | 8 |   | 2 | 3 | 1 |   | 6 |   |
|   |   |   | 8 | 5 | 4 |   |   |   |
| 4 | 6 |   |   |   |   |   | 9 | 1 |
| 1 |   | 8 |   |   |   | 7 |   | 2 |
| 2 | 9 |   |   |   |   |   | 5 | 3 |
|   |   |   | 9 | 1 | 5 |   |   |   |
|   | 1 |   | 3 | 6 | 2 |   | 8 |   |
|   |   | 2 |   |   |   | 9 |   |   |

Toxic

|   |   | 9 | 5 | 2 |   |   |   | 8 |
|---|---|---|---|---|---|---|---|---|
|   | 2 |   |   |   | 9 |   | 5 |   |
| 1 |   | 4 |   | 7 |   |   | 2 |   |
|   |   |   |   | 3 | 6 |   |   |   |
| 7 |   |   | 4 |   | 2 |   |   | 3 |
|   |   |   | 9 | 1 |   |   |   |   |
|   | 4 |   |   | 5 |   | 8 |   | 9 |
|   | 8 |   | 3 |   |   |   | 1 |   |
| 5 |   |   |   | 6 | 8 | 2 |   |   |

| 8 |   |   | 2 |   | 9 |   |   | 1 |
|---|---|---|---|---|---|---|---|---|
|   |   | 3 |   | 5 |   | 7 |   |   |
| 2 |   |   | 4 |   | 7 |   |   | 9 |
| 1 | 9 |   |   |   |   |   | 6 | 5 |
|   |   |   |   | 1 |   |   |   |   |
| 3 | 7 |   |   |   |   |   | 9 | 4 |
| 4 |   |   | 1 |   | 6 |   |   | 7 |
|   |   | 9 |   | 4 |   | 5 |   |   |
| 6 |   |   | 3 |   | 5 |   |   | 2 |

| | | 9 | | | | 5 | | |
|---|---|---|---|---|---|---|---|---|
| | 6 | | 4 | | 3 | | 2 | |
| 2 | 1 | | | | | | 6 | 7 |
| | | 7 | | 6 | | 3 | | |
| | 2 | 4 | | | | 6 | 9 | |
| | | 1 | | 4 | | 8 | | |
| 1 | 5 | | | | | | 8 | 3 |
| | 3 | | 7 | | 5 | | 1 | |
| | | 8 | | | | 2 | | |

| 9 |   | 4 |   | 3 | 6 |   |   | 8 |
|---|---|---|---|---|---|---|---|---|
|   |   |   |   |   | 8 | 7 |   |   |
|   | 8 |   |   |   |   |   |   | 3 |
| 8 | 1 |   |   | 2 |   |   |   |   |
| 5 |   |   | 9 |   | 3 |   |   | 7 |
|   |   |   |   | 1 |   |   | 5 | 9 |
| 4 |   |   |   |   |   |   | 8 |   |
|   |   | 2 | 8 |   |   |   |   |   |
| 3 |   |   | 7 | 5 |   | 6 |   | 1 |

| | | | | 8 | | | | |
|---|---|---|---|---|---|---|---|---|
| 4 | | | 1 | | 7 | | | 3 |
| | 2 | | 5 | 4 | 6 | | 8 | |
| | 8 | | 6 | | 9 | | 7 | |
| | | 6 | | | | 2 | | |
| | 3 | | 7 | | 2 | | 1 | |
| | 7 | | 8 | 6 | 5 | | 3 | |
| 3 | | | 2 | | 4 | | | 8 |
| | | | | 7 | | | | |

| 8 |   | 1 |   |   | 9 |   | 5 | 3 |
|---|---|---|---|---|---|---|---|---|
| 3 |   |   |   |   |   |   |   |   |
|   |   |   | 4 |   | 1 |   |   | 8 |
| 5 |   | 8 | 1 |   | 2 | 4 |   |   |
|   |   |   |   |   |   |   |   |   |
|   |   | 3 | 5 |   | 4 | 1 |   | 6 |
| 2 |   |   | 6 |   | 7 |   |   |   |
|   |   |   |   |   |   |   |   | 2 |
| 6 | 1 |   | 3 |   |   | 9 |   | 7 |

|   | 4 |   |   |   |   |   | 1 |   |
|---|---|---|---|---|---|---|---|---|
| 9 |   |   |   |   |   |   |   | 5 |
|   | 2 | 8 | 9 | 5 | 6 | 3 | 7 |   |
|   | 5 | 1 |   | 7 |   | 2 | 9 |   |
|   |   |   |   |   |   |   |   |   |
|   | 3 | 9 |   | 8 |   | 4 | 6 |   |
|   | 9 | 5 | 7 | 6 | 4 | 1 | 3 |   |
| 3 |   |   |   |   |   |   |   | 7 |
|   | 6 |   |   |   |   |   | 8 |   |

|   |   |   |   |   | 2 | 5 |   | 6 |
|---|---|---|---|---|---|---|---|---|
|   | 5 |   | 4 |   |   |   |   |   |
|   |   |   | 6 | 1 | 5 | 7 |   | 3 |
|   | 6 | 9 |   |   |   | 4 |   | 2 |
|   |   | 4 |   | 8 |   | 3 |   |   |
| 8 |   | 3 |   |   |   | 6 | 1 |   |
| 7 |   | 8 | 3 | 5 | 4 |   |   |   |
|   |   |   |   |   | 7 |   | 3 |   |
| 3 |   | 1 | 9 |   |   |   |   |   |

Toxic

| 6 |   |   |   | 5 |   | 8 | 7 |   |
|---|---|---|---|---|---|---|---|---|
|   | 8 |   |   |   | 1 |   | 5 | 3 |
|   |   |   |   |   | 3 | 6 |   | 1 |
|   |   |   |   |   | 6 | 2 | 1 |   |
| 1 |   |   |   |   |   |   |   | 8 |
|   | 7 | 2 | 4 |   |   |   |   |   |
| 4 |   | 7 | 5 |   |   |   |   |   |
| 9 | 1 |   | 8 |   |   |   | 4 |   |
|   | 5 | 6 |   | 4 |   |   |   | 9 |

| | | 8 | | 2 | | 6 | | 3 |
|---|---|---|---|---|---|---|---|---|
| | 3 | | 1 | | 6 | | | |
| | 7 | | | 8 | | 2 | | 1 |
| 6 | | | | | | | | 7 |
| | | | 3 | | 8 | | | |
| 2 | | | | | | | | 9 |
| 3 | | 9 | | 7 | | | 8 | |
| | | | 2 | | 4 | | 5 | |
| 4 | | 5 | | 1 | | 7 | | |

Toxic

| | 7 | 5 | | 1 | 2 | | | |
|---|---|---|---|---|---|---|---|---|
| 2 | | | | | | | | |
| 6 | | | 4 | 3 | 9 | | | |
| | | 2 | | | | 8 | | 9 |
| 5 | | 9 | | | | 6 | | 2 |
| 8 | | 6 | | | | 3 | | |
| | | | 7 | 2 | 8 | | | 4 |
| | | | | | | | | 5 |
| | | | 3 | 4 | | 2 | 1 | |

| 6 |   | 7 | 9 |   |   |   | 8 | 1 |
|---|---|---|---|---|---|---|---|---|
| 4 | 1 |   |   | 5 | 2 |   | 6 |   |
|   |   |   |   |   |   |   |   | 4 |
|   | 8 |   |   | 6 |   |   |   | 5 |
|   | 6 |   | 1 | 4 | 5 |   | 9 |   |
| 7 |   |   |   | 8 |   |   | 1 |   |
| 9 |   |   |   |   |   |   |   |   |
|   | 7 |   | 5 | 9 |   |   | 3 | 2 |
| 5 | 2 |   |   |   | 7 | 8 |   | 9 |

Toxic

|   |   | 5 |   | 2 |   |   | 4 |   |
|---|---|---|---|---|---|---|---|---|
|   |   |   | 5 |   |   |   |   | 3 |
| 9 | 2 | 6 |   | 4 |   |   |   |   |
| 8 |   |   |   |   |   |   | 9 |   |
|   | 7 |   | 2 | 9 | 1 |   | 6 |   |
|   | 4 |   |   |   |   |   |   | 7 |
|   |   |   |   | 3 |   | 7 | 1 | 6 |
| 4 |   |   |   |   | 6 |   |   |   |
|   | 6 |   |   | 1 |   | 5 |   |   |

# Solutions

1

| 7 | 9 | 4 | **1** | **6** | **2** | 8 | 3 | 5 |
| **1** | **6** | **5** | 9 | 8 | 3 | **4** | **2** | 7 |
| 2 | 8 | **3** | 4 | 5 | 7 | **9** | 1 | 6 |
| **9** | **1** | 6 | 3 | **7** | 8 | 5 | **4** | **2** |
| 8 | 5 | 7 | **6** | 2 | **4** | 1 | 9 | 3 |
| **3** | **4** | 2 | 5 | **9** | 1 | 7 | **6** | **8** |
| 5 | 3 | **9** | 7 | 4 | 6 | **2** | 8 | 1 |
| 6 | **7** | **8** | 2 | **1** | 9 | **3** | **5** | 4 |
| 4 | 2 | 1 | **8** | **3** | **5** | 6 | 7 | 9 |

2

| 2 | **1** | **6** | **3** | 4 | **7** | **9** | 8 | 5 |
| 8 | 5 | 3 | 6 | 9 | **2** | **1** | 4 | **7** |
| **4** | **9** | 7 | **5** | 1 | **8** | 2 | 3 | **6** |
| **9** | **3** | **2** | 8 | 5 | 1 | **6** | 7 | **4** |
| 7 | 6 | 1 | 2 | 3 | 4 | 5 | 9 | 8 |
| **5** | 8 | **4** | 7 | 6 | 9 | **3** | **1** | **2** |
| **6** | 4 | 8 | **9** | 2 | **3** | 7 | **5** | **1** |
| **1** | 2 | **9** | **4** | 7 | 5 | 8 | 6 | 3 |
| 3 | 7 | **5** | **1** | 8 | **6** | **4** | **2** | 9 |

| 1 | 9 | 5 | 6 | 7 | 3 | 2 | 4 | 8 |
|---|---|---|---|---|---|---|---|---|
| 3 | 8 | 4 | 2 | 1 | 9 | 6 | 7 | 5 |
| 7 | 2 | 6 | 8 | 5 | 4 | 3 | 9 | 1 |
| 6 | 4 | 8 | 5 | 2 | 7 | 1 | 3 | 9 |
| 2 | 5 | 3 | 1 | 9 | 8 | 7 | 6 | 4 |
| 9 | 1 | 7 | 3 | 4 | 6 | 8 | 5 | 2 |
| 8 | 3 | 2 | 9 | 6 | 5 | 4 | 1 | 7 |
| 5 | 7 | 1 | 4 | 3 | 2 | 9 | 8 | 6 |
| 4 | 6 | 9 | 7 | 8 | 1 | 5 | 2 | 3 |

| 5 | 4 | 6 | 3 | 9 | 7 | 1 | 2 | 8 |
|---|---|---|---|---|---|---|---|---|
| 9 | 2 | 7 | 6 | 1 | 8 | 4 | 3 | 5 |
| 1 | 3 | 8 | 4 | 5 | 2 | 9 | 7 | 6 |
| 8 | 5 | 4 | 1 | 2 | 6 | 7 | 9 | 3 |
| 2 | 7 | 3 | 9 | 8 | 5 | 6 | 1 | 4 |
| 6 | 9 | 1 | 7 | 3 | 4 | 5 | 8 | 2 |
| 4 | 8 | 5 | 2 | 7 | 1 | 3 | 6 | 9 |
| 3 | 1 | 2 | 5 | 6 | 9 | 8 | 4 | 7 |
| 7 | 6 | 9 | 8 | 4 | 3 | 2 | 5 | 1 |

5

| 8 | 7 | 5 | 2 | 6 | 3 | 4 | 1 | 9 |
|---|---|---|---|---|---|---|---|---|
| 9 | 2 | 1 | 8 | 5 | 4 | 3 | 6 | 7 |
| 3 | 4 | 6 | 9 | 1 | 7 | 2 | 8 | 5 |
| 7 | 8 | 3 | 5 | 2 | 6 | 9 | 4 | 1 |
| 4 | 1 | 2 | 7 | 9 | 8 | 6 | 5 | 3 |
| 5 | 6 | 9 | 4 | 3 | 1 | 7 | 2 | 8 |
| 1 | 9 | 4 | 6 | 7 | 5 | 8 | 3 | 2 |
| 2 | 3 | 8 | 1 | 4 | 9 | 5 | 7 | 6 |
| 6 | 5 | 7 | 3 | 8 | 2 | 1 | 9 | 4 |

6

| 1 | 2 | 8 | 6 | 4 | 3 | 7 | 9 | 5 |
|---|---|---|---|---|---|---|---|---|
| 4 | 3 | 5 | 9 | 1 | 7 | 6 | 8 | 2 |
| 7 | 9 | 6 | 2 | 5 | 8 | 1 | 4 | 3 |
| 3 | 1 | 4 | 5 | 8 | 6 | 2 | 7 | 9 |
| 6 | 7 | 9 | 4 | 2 | 1 | 5 | 3 | 8 |
| 5 | 8 | 2 | 7 | 3 | 9 | 4 | 1 | 6 |
| 9 | 6 | 1 | 8 | 7 | 2 | 3 | 5 | 4 |
| 8 | 4 | 3 | 1 | 6 | 5 | 9 | 2 | 7 |
| 2 | 5 | 7 | 3 | 9 | 4 | 8 | 6 | 1 |

7

| 6 | 8 | 4 | 2 | 3 | 5 | 1 | 9 | 7 |
| 3 | 7 | 5 | 9 | 4 | 1 | 8 | 2 | 6 |
| 1 | 9 | 2 | 7 | 6 | 8 | 3 | 5 | 4 |
| 2 | 1 | 9 | 8 | 7 | 6 | 5 | 4 | 3 |
| 7 | 5 | 8 | 4 | 2 | 3 | 9 | 6 | 1 |
| 4 | 6 | 3 | 1 | 5 | 9 | 7 | 8 | 2 |
| 8 | 3 | 7 | 6 | 9 | 2 | 4 | 1 | 5 |
| 5 | 2 | 1 | 3 | 8 | 4 | 6 | 7 | 9 |
| 9 | 4 | 6 | 5 | 1 | 7 | 2 | 3 | 8 |

8

| 8 | 4 | 7 | 1 | 3 | 9 | 5 | 2 | 6 |
| 6 | 1 | 2 | 4 | 7 | 5 | 9 | 3 | 8 |
| 3 | 9 | 5 | 8 | 2 | 6 | 1 | 4 | 7 |
| 7 | 3 | 6 | 2 | 8 | 1 | 4 | 5 | 9 |
| 4 | 8 | 9 | 6 | 5 | 3 | 2 | 7 | 1 |
| 2 | 5 | 1 | 9 | 4 | 7 | 8 | 6 | 3 |
| 9 | 6 | 3 | 5 | 1 | 2 | 7 | 8 | 4 |
| 1 | 2 | 8 | 7 | 6 | 4 | 3 | 9 | 5 |
| 5 | 7 | 4 | 3 | 9 | 8 | 6 | 1 | 2 |

Su Doku

**9**

| 4 | 1 | 8 | 7 | 9 | 6 | 5 | 2 | 3 |
| 5 | 2 | 6 | 3 | 4 | 1 | 9 | 7 | 8 |
| 7 | 3 | 9 | 8 | 5 | 2 | 1 | 4 | 6 |
| 9 | 8 | 3 | 1 | 6 | 4 | 2 | 5 | 7 |
| 1 | 7 | 5 | 2 | 3 | 8 | 6 | 9 | 4 |
| 6 | 4 | 2 | 5 | 7 | 9 | 3 | 8 | 1 |
| 2 | 6 | 1 | 9 | 8 | 7 | 4 | 3 | 5 |
| 8 | 5 | 4 | 6 | 2 | 3 | 7 | 1 | 9 |
| 3 | 9 | 7 | 4 | 1 | 5 | 8 | 6 | 2 |

**10**

| 8 | 3 | 5 | 2 | 7 | 4 | 9 | 6 | 1 |
| 7 | 1 | 6 | 5 | 9 | 3 | 2 | 4 | 8 |
| 2 | 9 | 4 | 1 | 6 | 8 | 5 | 3 | 7 |
| 5 | 8 | 1 | 6 | 2 | 9 | 4 | 7 | 3 |
| 9 | 4 | 7 | 3 | 5 | 1 | 8 | 2 | 6 |
| 6 | 2 | 3 | 8 | 4 | 7 | 1 | 9 | 5 |
| 3 | 7 | 9 | 4 | 8 | 5 | 6 | 1 | 2 |
| 1 | 5 | 2 | 9 | 3 | 6 | 7 | 8 | 4 |
| 4 | 6 | 8 | 7 | 1 | 2 | 3 | 5 | 9 |

**11**

| 9 | 1 | 6 | 8 | 2 | 5 | 3 | 4 | 7 |
|---|---|---|---|---|---|---|---|---|
| 2 | 8 | 3 | 1 | 4 | 7 | 5 | 6 | 9 |
| 7 | 5 | 4 | 9 | 6 | 3 | 8 | 1 | 2 |
| 5 | 3 | 8 | 7 | 1 | 6 | 2 | 9 | 4 |
| 1 | 9 | 2 | 4 | 3 | 8 | 7 | 5 | 6 |
| 6 | 4 | 7 | 5 | 9 | 2 | 1 | 8 | 3 |
| 8 | 2 | 5 | 6 | 7 | 9 | 4 | 3 | 1 |
| 4 | 7 | 9 | 3 | 5 | 1 | 6 | 2 | 8 |
| 3 | 6 | 1 | 2 | 8 | 4 | 9 | 7 | 5 |

**12**

| 7 | 3 | 6 | 2 | 5 | 9 | 8 | 4 | 1 |
|---|---|---|---|---|---|---|---|---|
| 5 | 1 | 8 | 6 | 3 | 4 | 9 | 7 | 2 |
| 9 | 2 | 4 | 8 | 7 | 1 | 6 | 3 | 5 |
| 4 | 9 | 3 | 5 | 1 | 2 | 7 | 8 | 6 |
| 6 | 5 | 1 | 7 | 8 | 3 | 4 | 2 | 9 |
| 8 | 7 | 2 | 4 | 9 | 6 | 1 | 5 | 3 |
| 3 | 4 | 5 | 1 | 6 | 8 | 2 | 9 | 7 |
| 2 | 6 | 7 | 9 | 4 | 5 | 3 | 1 | 8 |
| 1 | 8 | 9 | 3 | 2 | 7 | 5 | 6 | 4 |

| **5** | 6 | **1** | **3** | 8 | 7 | 4 | 2 | 9 |
| 4 | 3 | **8** | 2 | 6 | 9 | 5 | **7** | 1 |
| **2** | **7** | 9 | **1** | **4** | **5** | 8 | 6 | 3 |
| 1 | 5 | **6** | 8 | 7 | **3** | 9 | 4 | **2** |
| 8 | **4** | 3 | **9** | 5 | **2** | 7 | **1** | 6 |
| **7** | 9 | 2 | **6** | 1 | 4 | **3** | 5 | 8 |
| 9 | 2 | 7 | **5** | **3** | **6** | 1 | **8** | **4** |
| 3 | **8** | 5 | 4 | 2 | 1 | **6** | 9 | 7 |
| 6 | 1 | 4 | 7 | 9 | **8** | **2** | 3 | **5** |

| 7 | 9 | 8 | **4** | **1** | **6** | 2 | 5 | 3 |
| 4 | **2** | 1 | 9 | 3 | 5 | 6 | **7** | 8 |
| **6** | 3 | **5** | 2 | 7 | 8 | **4** | 1 | **9** |
| 8 | 4 | **7** | **1** | 6 | **3** | **5** | 9 | 2 |
| **9** | 5 | 2 | 7 | 8 | 4 | 1 | 3 | **6** |
| 3 | 1 | **6** | **5** | 9 | **2** | **8** | 4 | 7 |
| **2** | 8 | **4** | 3 | 5 | 7 | **9** | 6 | **1** |
| 5 | **7** | 9 | 6 | 2 | 1 | 3 | **8** | 4 |
| 1 | 6 | 3 | **8** | **4** | **9** | 7 | 2 | 5 |

| 2 | 4 | 3 | 5 | 8 | 1 | 6 | 9 | 7 |
|---|---|---|---|---|---|---|---|---|
| 1 | 8 | 9 | 7 | 6 | 4 | 3 | 5 | 2 |
| 7 | 5 | 6 | 2 | 9 | 3 | 1 | 4 | 8 |
| 4 | 2 | 8 | 1 | 5 | 7 | 9 | 6 | 3 |
| 9 | 3 | 7 | 4 | 2 | 6 | 8 | 1 | 5 |
| 5 | 6 | 1 | 8 | 3 | 9 | 7 | 2 | 4 |
| 8 | 7 | 4 | 6 | 1 | 2 | 5 | 3 | 9 |
| 3 | 1 | 5 | 9 | 4 | 8 | 2 | 7 | 6 |
| 6 | 9 | 2 | 3 | 7 | 5 | 4 | 8 | 1 |

| 3 | 2 | 1 | 7 | 6 | 8 | 5 | 9 | 4 |
|---|---|---|---|---|---|---|---|---|
| 6 | 7 | 9 | 2 | 5 | 4 | 3 | 8 | 1 |
| 5 | 4 | 8 | 3 | 1 | 9 | 7 | 6 | 2 |
| 1 | 6 | 3 | 8 | 4 | 7 | 9 | 2 | 5 |
| 8 | 9 | 4 | 6 | 2 | 5 | 1 | 7 | 3 |
| 2 | 5 | 7 | 1 | 9 | 3 | 8 | 4 | 6 |
| 7 | 3 | 5 | 4 | 8 | 6 | 2 | 1 | 9 |
| 4 | 8 | 2 | 9 | 3 | 1 | 6 | 5 | 7 |
| 9 | 1 | 6 | 5 | 7 | 2 | 4 | 3 | 8 |

17

| 5 | 9 | 4 | 2 | **3** | 1 | **6** | **8** | 7 |
|---|---|---|---|---|---|---|---|---|
| **1** | **7** | 8 | 6 | 4 | 5 | 9 | **2** | 3 |
| **2** | 3 | 6 | **7** | **8** | 9 | 1 | 5 | 4 |
| 3 | 2 | 1 | **8** | 7 | **4** | **5** | 9 | 6 |
| **7** | 8 | **9** | 3 | 5 | 6 | **4** | 1 | **2** |
| 4 | 6 | **5** | **9** | 1 | **2** | 7 | 3 | 8 |
| 6 | 1 | 7 | 5 | **2** | **3** | 8 | 4 | **9** |
| 9 | **4** | 2 | 1 | 6 | 8 | 3 | **7** | **5** |
| 8 | **5** | **3** | 4 | **9** | 7 | 2 | 6 | 1 |

18

| 1 | **2** | 7 | 3 | **8** | 4 | 9 | **6** | 5 |
|---|---|---|---|---|---|---|---|---|
| **3** | 6 | 9 | **1** | **5** | 7 | 2 | 8 | **4** |
| 8 | 5 | 4 | **2** | 6 | **9** | 3 | 7 | 1 |
| 4 | 1 | **8** | 6 | 3 | 5 | **7** | **2** | 9 |
| **7** | **3** | 5 | 9 | **2** | 1 | 6 | **4** | **8** |
| 2 | **9** | **6** | 7 | 4 | 8 | **5** | 1 | 3 |
| 9 | 7 | 3 | **8** | 1 | **6** | 4 | 5 | 2 |
| **5** | 8 | 2 | 4 | **7** | **3** | 1 | 9 | **6** |
| 6 | **4** | 1 | 5 | **9** | 2 | 8 | **3** | 7 |

Solutions

| 7 | 8 | 9 | 2 | 6 | 1 | 5 | 4 | 3 |
| 1 | 5 | 3 | 4 | 9 | 7 | 2 | 6 | 8 |
| 6 | 4 | 2 | 5 | 8 | 3 | 7 | 9 | 1 |
| 9 | 2 | 1 | 7 | 4 | 5 | 3 | 8 | 6 |
| 5 | 3 | 6 | 8 | 2 | 9 | 1 | 7 | 4 |
| 8 | 7 | 4 | 3 | 1 | 6 | 9 | 5 | 2 |
| 3 | 6 | 8 | 9 | 5 | 2 | 4 | 1 | 7 |
| 4 | 9 | 7 | 1 | 3 | 8 | 6 | 2 | 5 |
| 2 | 1 | 5 | 6 | 7 | 4 | 8 | 3 | 9 |

| 5 | 1 | 7 | 9 | 6 | 2 | 3 | 8 | 4 |
| 2 | 6 | 9 | 3 | 4 | 8 | 5 | 7 | 1 |
| 4 | 3 | 8 | 5 | 1 | 7 | 2 | 9 | 6 |
| 8 | 7 | 3 | 2 | 9 | 1 | 4 | 6 | 5 |
| 1 | 2 | 6 | 8 | 5 | 4 | 9 | 3 | 7 |
| 9 | 5 | 4 | 7 | 3 | 6 | 8 | 1 | 2 |
| 6 | 9 | 5 | 1 | 2 | 3 | 7 | 4 | 8 |
| 7 | 4 | 2 | 6 | 8 | 9 | 1 | 5 | 3 |
| 3 | 8 | 1 | 4 | 7 | 5 | 6 | 2 | 9 |

| 6 | **1** | 5 | 8 | 4 | 2 | 3 | 7 | **9** |
|---|---|---|---|---|---|---|---|---|
| **2** | 7 | 4 | 3 | 6 | **9** | 5 | **8** | 1 |
| **3** | 9 | **8** | 7 | **5** | **1** | 6 | 2 | 4 |
| 9 | 8 | 2 | **5** | 3 | **6** | **1** | **4** | 7 |
| 4 | 6 | **3** | 1 | **7** | 8 | **9** | 5 | 2 |
| 1 | **5** | **7** | **9** | 2 | **4** | 8 | 6 | 3 |
| 7 | 3 | 6 | **4** | **9** | 5 | **2** | 1 | **8** |
| 5 | **4** | 1 | **2** | 8 | 3 | 7 | 9 | **6** |
| **8** | 2 | 9 | 6 | 1 | 7 | **4** | **3** | 5 |

| **3** | 9 | **5** | **7** | **2** | 6 | 1 | 4 | **8** |
|---|---|---|---|---|---|---|---|---|
| 6 | 7 | 4 | **1** | 9 | **8** | 3 | 5 | 2 |
| 8 | 1 | **2** | **3** | 4 | 5 | **7** | 9 | **6** |
| 2 | **4** | 7 | 5 | 1 | 9 | **6** | **8** | **3** |
| **1** | 8 | 3 | 6 | 7 | 4 | 9 | 2 | **5** |
| **5** | **6** | **9** | 2 | 8 | 3 | 4 | **1** | 7 |
| **7** | 2 | **8** | 9 | 6 | **1** | 5 | 3 | 4 |
| 9 | 3 | 6 | **4** | 5 | **2** | 8 | 7 | 1 |
| **4** | 5 | 1 | 8 | **3** | **7** | **2** | 6 | **9** |

| 8 | 5 | 1 | 9 | 2 | 4 | 7 | 3 | 6 |
|---|---|---|---|---|---|---|---|---|
| 3 | 9 | 6 | 8 | 7 | 1 | 5 | 2 | 4 |
| 2 | 7 | 4 | 3 | 6 | 5 | 8 | 9 | 1 |
| 6 | 2 | 3 | 1 | 4 | 7 | 9 | 8 | 5 |
| 4 | 1 | 9 | 2 | 5 | 8 | 6 | 7 | 3 |
| 5 | 8 | 7 | 6 | 3 | 9 | 4 | 1 | 2 |
| 7 | 3 | 2 | 5 | 9 | 6 | 1 | 4 | 8 |
| 1 | 4 | 5 | 7 | 8 | 2 | 3 | 6 | 9 |
| 9 | 6 | 8 | 4 | 1 | 3 | 2 | 5 | 7 |

| 2 | 6 | 7 | 1 | 9 | 3 | 4 | 5 | 8 |
|---|---|---|---|---|---|---|---|---|
| 5 | 8 | 1 | 4 | 6 | 2 | 3 | 9 | 7 |
| 9 | 4 | 3 | 5 | 7 | 8 | 6 | 2 | 1 |
| 7 | 1 | 4 | 2 | 3 | 9 | 5 | 8 | 6 |
| 6 | 2 | 5 | 7 | 8 | 1 | 9 | 4 | 3 |
| 3 | 9 | 8 | 6 | 5 | 4 | 7 | 1 | 2 |
| 1 | 7 | 9 | 3 | 2 | 5 | 8 | 6 | 4 |
| 4 | 5 | 6 | 8 | 1 | 7 | 2 | 3 | 9 |
| 8 | 3 | 2 | 9 | 4 | 6 | 1 | 7 | 5 |

25

| 8 | 2 | 6 | 4 | 5 | 7 | 3 | 9 | 1 |
|---|---|---|---|---|---|---|---|---|
| 5 | 4 | 7 | 3 | 1 | 9 | 8 | 6 | 2 |
| 9 | 1 | 3 | 8 | 6 | 2 | 7 | 5 | 4 |
| 3 | 8 | 4 | 2 | 9 | 6 | 5 | 1 | 7 |
| 2 | 9 | 5 | 7 | 8 | 1 | 6 | 4 | 3 |
| 6 | 7 | 1 | 5 | 3 | 4 | 2 | 8 | 9 |
| 7 | 6 | 2 | 1 | 4 | 5 | 9 | 3 | 8 |
| 4 | 5 | 8 | 9 | 7 | 3 | 1 | 2 | 6 |
| 1 | 3 | 9 | 6 | 2 | 8 | 4 | 7 | 5 |

26

| 6 | 7 | 1 | 2 | 5 | 9 | 8 | 4 | 3 |
|---|---|---|---|---|---|---|---|---|
| 5 | 8 | 9 | 7 | 4 | 3 | 6 | 2 | 1 |
| 4 | 3 | 2 | 8 | 6 | 1 | 5 | 7 | 9 |
| 9 | 1 | 8 | 5 | 7 | 6 | 4 | 3 | 2 |
| 3 | 5 | 4 | 1 | 8 | 2 | 7 | 9 | 6 |
| 2 | 6 | 7 | 3 | 9 | 4 | 1 | 5 | 8 |
| 7 | 2 | 5 | 6 | 3 | 8 | 9 | 1 | 4 |
| 1 | 4 | 6 | 9 | 2 | 5 | 3 | 8 | 7 |
| 8 | 9 | 3 | 4 | 1 | 7 | 2 | 6 | 5 |

| 2 | 8 | 9 | 3 | 6 | 7 | 1 | 4 | 5 |
| 5 | 4 | 3 | 1 | 9 | 8 | 6 | 7 | 2 |
| 6 | 7 | 1 | 2 | 4 | 5 | 9 | 3 | 8 |
| 1 | 5 | 6 | 4 | 3 | 9 | 8 | 2 | 7 |
| 7 | 2 | 4 | 5 | 8 | 1 | 3 | 9 | 6 |
| 9 | 3 | 8 | 7 | 2 | 6 | 4 | 5 | 1 |
| 4 | 1 | 7 | 6 | 5 | 3 | 2 | 8 | 9 |
| 3 | 9 | 5 | 8 | 1 | 2 | 7 | 6 | 4 |
| 8 | 6 | 2 | 9 | 7 | 4 | 5 | 1 | 3 |

| 4 | 1 | 8 | 9 | 6 | 5 | 3 | 2 | 7 |
| 5 | 2 | 3 | 4 | 1 | 7 | 6 | 9 | 8 |
| 6 | 7 | 9 | 3 | 8 | 2 | 5 | 4 | 1 |
| 9 | 6 | 1 | 7 | 4 | 8 | 2 | 3 | 5 |
| 7 | 3 | 5 | 6 | 2 | 1 | 4 | 8 | 9 |
| 2 | 8 | 4 | 5 | 3 | 9 | 7 | 1 | 6 |
| 1 | 5 | 2 | 8 | 7 | 4 | 9 | 6 | 3 |
| 3 | 4 | 7 | 1 | 9 | 6 | 8 | 5 | 2 |
| 8 | 9 | 6 | 2 | 5 | 3 | 1 | 7 | 4 |

Su Doku

**29**

| 9 | 8 | 7 | 2 | 4 | 6 | 1 | 3 | 5 |
| 2 | 4 | 6 | 3 | 5 | 1 | 9 | 8 | 7 |
| 5 | 1 | 3 | 7 | 8 | 9 | 6 | 2 | 4 |
| 1 | 7 | 2 | 5 | 6 | 4 | 8 | 9 | 3 |
| 8 | 9 | 4 | 1 | 2 | 3 | 7 | 5 | 6 |
| 3 | 6 | 5 | 9 | 7 | 8 | 2 | 4 | 1 |
| 7 | 5 | 8 | 4 | 1 | 2 | 3 | 6 | 9 |
| 4 | 2 | 9 | 6 | 3 | 7 | 5 | 1 | 8 |
| 6 | 3 | 1 | 8 | 9 | 5 | 4 | 7 | 2 |

**30**

| 2 | 5 | 4 | 3 | 1 | 8 | 7 | 6 | 9 |
| 6 | 7 | 1 | 5 | 9 | 4 | 2 | 3 | 8 |
| 8 | 3 | 9 | 7 | 6 | 2 | 1 | 4 | 5 |
| 1 | 2 | 8 | 4 | 3 | 9 | 5 | 7 | 6 |
| 7 | 9 | 3 | 6 | 8 | 5 | 4 | 2 | 1 |
| 4 | 6 | 5 | 1 | 2 | 7 | 8 | 9 | 3 |
| 3 | 1 | 7 | 2 | 5 | 6 | 9 | 8 | 4 |
| 5 | 8 | 2 | 9 | 4 | 3 | 6 | 1 | 7 |
| 9 | 4 | 6 | 8 | 7 | 1 | 3 | 5 | 2 |

**31**

| 5 | 6 | 1 | 2 | 8 | 4 | 9 | 7 | 3 |
|---|---|---|---|---|---|---|---|---|
| 7 | 4 | 2 | 1 | 9 | 3 | 5 | 8 | 6 |
| 3 | 9 | 8 | 6 | 5 | 7 | 4 | 1 | 2 |
| 1 | 2 | 9 | 5 | 6 | 8 | 3 | 4 | 7 |
| 8 | 3 | 4 | 7 | 1 | 9 | 2 | 6 | 5 |
| 6 | 7 | 5 | 3 | 4 | 2 | 8 | 9 | 1 |
| 2 | 8 | 3 | 4 | 7 | 6 | 1 | 5 | 9 |
| 9 | 5 | 6 | 8 | 3 | 1 | 7 | 2 | 4 |
| 4 | 1 | 7 | 9 | 2 | 5 | 6 | 3 | 8 |

**32**

| 5 | 8 | 9 | 1 | 4 | 6 | 7 | 2 | 3 |
|---|---|---|---|---|---|---|---|---|
| 7 | 3 | 4 | 2 | 9 | 5 | 1 | 8 | 6 |
| 6 | 1 | 2 | 8 | 3 | 7 | 9 | 5 | 4 |
| 2 | 6 | 7 | 3 | 1 | 9 | 5 | 4 | 8 |
| 8 | 9 | 5 | 4 | 7 | 2 | 3 | 6 | 1 |
| 1 | 4 | 3 | 6 | 5 | 8 | 2 | 9 | 7 |
| 3 | 5 | 6 | 9 | 8 | 1 | 4 | 7 | 2 |
| 9 | 2 | 1 | 7 | 6 | 4 | 8 | 3 | 5 |
| 4 | 7 | 8 | 5 | 2 | 3 | 6 | 1 | 9 |

33

| 3 | 6 | 4 | 7 | 5 | 1 | 2 | 9 | 8 |
|---|---|---|---|---|---|---|---|---|
| 8 | 5 | 7 | 6 | 2 | 9 | 1 | 3 | 4 |
| 1 | 2 | 9 | 4 | 8 | 3 | 7 | 5 | 6 |
| 6 | 8 | 5 | 1 | 9 | 4 | 3 | 2 | 7 |
| 7 | 1 | 3 | 8 | 6 | 2 | 5 | 4 | 9 |
| 9 | 4 | 2 | 5 | 3 | 7 | 6 | 8 | 1 |
| 5 | 7 | 8 | 3 | 4 | 6 | 9 | 1 | 2 |
| 2 | 3 | 6 | 9 | 1 | 8 | 4 | 7 | 5 |
| 4 | 9 | 1 | 2 | 7 | 5 | 8 | 6 | 3 |

34

| 8 | 7 | 6 | 2 | 4 | 3 | 1 | 5 | 9 |
|---|---|---|---|---|---|---|---|---|
| 3 | 4 | 1 | 9 | 8 | 5 | 2 | 7 | 6 |
| 9 | 5 | 2 | 6 | 1 | 7 | 3 | 4 | 8 |
| 4 | 3 | 9 | 1 | 7 | 6 | 5 | 8 | 2 |
| 1 | 8 | 5 | 3 | 9 | 2 | 7 | 6 | 4 |
| 2 | 6 | 7 | 8 | 5 | 4 | 9 | 1 | 3 |
| 7 | 9 | 3 | 5 | 6 | 8 | 4 | 2 | 1 |
| 5 | 1 | 8 | 4 | 2 | 9 | 6 | 3 | 7 |
| 6 | 2 | 4 | 7 | 3 | 1 | 8 | 9 | 5 |

35

| 5 | 9 | 1 | 3 | 4 | 6 | 8 | 2 | 7 |
| 7 | 2 | 4 | 8 | 5 | 1 | 3 | 9 | 6 |
| 3 | 8 | 6 | 9 | 7 | 2 | 1 | 5 | 4 |
| 9 | 7 | 2 | 4 | 8 | 5 | 6 | 1 | 3 |
| 4 | 5 | 8 | 6 | 1 | 3 | 9 | 7 | 2 |
| 6 | 1 | 3 | 2 | 9 | 7 | 4 | 8 | 5 |
| 2 | 6 | 9 | 5 | 3 | 8 | 7 | 4 | 1 |
| 1 | 4 | 5 | 7 | 6 | 9 | 2 | 3 | 8 |
| 8 | 3 | 7 | 1 | 2 | 4 | 5 | 6 | 9 |

36

| 8 | 9 | 7 | 1 | 3 | 2 | 4 | 6 | 5 |
| 5 | 1 | 6 | 9 | 7 | 4 | 3 | 2 | 8 |
| 4 | 3 | 2 | 8 | 6 | 5 | 1 | 7 | 9 |
| 2 | 5 | 8 | 4 | 9 | 3 | 7 | 1 | 6 |
| 1 | 6 | 4 | 7 | 5 | 8 | 2 | 9 | 3 |
| 9 | 7 | 3 | 6 | 2 | 1 | 5 | 8 | 4 |
| 6 | 4 | 9 | 5 | 1 | 7 | 8 | 3 | 2 |
| 7 | 2 | 5 | 3 | 8 | 9 | 6 | 4 | 1 |
| 3 | 8 | 1 | 2 | 4 | 6 | 9 | 5 | 7 |

| 2 | **9** | 8 | 6 | 7 | **3** | 5 | **4** | 1 |
| **1** | 6 | **7** | 5 | 9 | 4 | **8** | 3 | **2** |
| 4 | **5** | 3 | **1** | 8 | 2 | **9** | **6** | 7 |
| 9 | 1 | **4** | **8** | 2 | **6** | 3 | 7 | **5** |
| 3 | 2 | 5 | 4 | **1** | 7 | 6 | 8 | 9 |
| **8** | 7 | 6 | **9** | 3 | **5** | **1** | 2 | 4 |
| 5 | **4** | **2** | 3 | 6 | **9** | 7 | **1** | 8 |
| **7** | 3 | **1** | 2 | 5 | 8 | **4** | 9 | **6** |
| 6 | **8** | 9 | **7** | 4 | 1 | 2 | **5** | 3 |

| 7 | 4 | **3** | **8** | **6** | **5** | **2** | 9 | 1 |
| 8 | **9** | 2 | 4 | **1** | 7 | 3 | **6** | 5 |
| **1** | 6 | 5 | 2 | 9 | 3 | 8 | 4 | **7** |
| 4 | **5** | **6** | 1 | 2 | 8 | **9** | **7** | 3 |
| 9 | 8 | 7 | 5 | **3** | 6 | 1 | 2 | 4 |
| 2 | **3** | **1** | 9 | 7 | 4 | **6** | **5** | 8 |
| **6** | 1 | 4 | 3 | 5 | 9 | 7 | 8 | **2** |
| 3 | **7** | 8 | 6 | **4** | 2 | 5 | **1** | 9 |
| 5 | 2 | **9** | **7** | **8** | **1** | **4** | 3 | 6 |

39

| 6 | 3 | 2 | 1 | 9 | 5 | 4 | 7 | 8 |
| 9 | 7 | 5 | 6 | 8 | 4 | 1 | 3 | 2 |
| 4 | 1 | 8 | 3 | 7 | 2 | 5 | 9 | 6 |
| 8 | 2 | 1 | 9 | 3 | 7 | 6 | 5 | 4 |
| 3 | 4 | 6 | 5 | 2 | 1 | 7 | 8 | 9 |
| 7 | 5 | 9 | 8 | 4 | 6 | 2 | 1 | 3 |
| 5 | 6 | 3 | 4 | 1 | 9 | 8 | 2 | 7 |
| 1 | 9 | 7 | 2 | 6 | 8 | 3 | 4 | 5 |
| 2 | 8 | 4 | 7 | 5 | 3 | 9 | 6 | 1 |

40

| 9 | 3 | 8 | 5 | 4 | 6 | 2 | 7 | 1 |
| 5 | 7 | 6 | 9 | 2 | 1 | 4 | 3 | 8 |
| 4 | 1 | 2 | 7 | 3 | 8 | 6 | 5 | 9 |
| 1 | 5 | 9 | 8 | 6 | 4 | 7 | 2 | 3 |
| 3 | 6 | 7 | 2 | 1 | 9 | 8 | 4 | 5 |
| 8 | 2 | 4 | 3 | 7 | 5 | 1 | 9 | 6 |
| 7 | 8 | 3 | 1 | 9 | 2 | 5 | 6 | 4 |
| 2 | 4 | 1 | 6 | 5 | 3 | 9 | 8 | 7 |
| 6 | 9 | 5 | 4 | 8 | 7 | 3 | 1 | 2 |

**41**

| 5 | 8 | 4 | 1 | 7 | 2 | 3 | 9 | 6 |
| 1 | 6 | 3 | 8 | 9 | 4 | 2 | 7 | 5 |
| 7 | 2 | 9 | 6 | 3 | 5 | 4 | 8 | 1 |
| 3 | 9 | 2 | 7 | 4 | 1 | 5 | 6 | 8 |
| 6 | 1 | 8 | 9 | 5 | 3 | 7 | 4 | 2 |
| 4 | 7 | 5 | 2 | 6 | 8 | 1 | 3 | 9 |
| 9 | 3 | 6 | 5 | 2 | 7 | 8 | 1 | 4 |
| 2 | 4 | 1 | 3 | 8 | 9 | 6 | 5 | 7 |
| 8 | 5 | 7 | 4 | 1 | 6 | 9 | 2 | 3 |

**42**

| 6 | 1 | 3 | 8 | 5 | 2 | 4 | 9 | 7 |
| 8 | 7 | 9 | 6 | 3 | 4 | 1 | 5 | 2 |
| 4 | 5 | 2 | 7 | 1 | 9 | 8 | 3 | 6 |
| 1 | 3 | 5 | 9 | 6 | 7 | 2 | 8 | 4 |
| 2 | 6 | 4 | 1 | 8 | 5 | 3 | 7 | 9 |
| 9 | 8 | 7 | 4 | 2 | 3 | 5 | 6 | 1 |
| 7 | 2 | 8 | 5 | 9 | 1 | 6 | 4 | 3 |
| 5 | 4 | 1 | 3 | 7 | 6 | 9 | 2 | 8 |
| 3 | 9 | 6 | 2 | 4 | 8 | 7 | 1 | 5 |

**43**

| 1 | 9 | 4 | 3 | 8 | 7 | 6 | 5 | 2 |
| 3 | 6 | 5 | 9 | 2 | 1 | 7 | 4 | 8 |
| 2 | 8 | 7 | 5 | 6 | 4 | 3 | 1 | 9 |
| 7 | 3 | 1 | 6 | 4 | 9 | 2 | 8 | 5 |
| 8 | 4 | 9 | 2 | 3 | 5 | 1 | 7 | 6 |
| 5 | 2 | 6 | 1 | 7 | 8 | 9 | 3 | 4 |
| 6 | 1 | 8 | 4 | 9 | 3 | 5 | 2 | 7 |
| 4 | 5 | 2 | 7 | 1 | 6 | 8 | 9 | 3 |
| 9 | 7 | 3 | 8 | 5 | 2 | 4 | 6 | 1 |

**44**

| 9 | 1 | 6 | 3 | 7 | 2 | 4 | 5 | 8 |
| 7 | 8 | 3 | 5 | 9 | 4 | 6 | 2 | 1 |
| 2 | 4 | 5 | 6 | 1 | 8 | 9 | 7 | 3 |
| 8 | 3 | 7 | 1 | 4 | 9 | 5 | 6 | 2 |
| 6 | 9 | 4 | 2 | 8 | 5 | 3 | 1 | 7 |
| 5 | 2 | 1 | 7 | 3 | 6 | 8 | 9 | 4 |
| 4 | 5 | 2 | 8 | 6 | 1 | 7 | 3 | 9 |
| 1 | 7 | 8 | 9 | 5 | 3 | 2 | 4 | 6 |
| 3 | 6 | 9 | 4 | 2 | 7 | 1 | 8 | 5 |

45

| 2 | 5 | 6 | 1 | 8 | 3 | 9 | 4 | 7 |
| 1 | 4 | 7 | 2 | 9 | 5 | 3 | 6 | 8 |
| 8 | 3 | 9 | 6 | 4 | 7 | 2 | 5 | 1 |
| 6 | 9 | 2 | 5 | 7 | 1 | 8 | 3 | 4 |
| 5 | 7 | 3 | 4 | 6 | 8 | 1 | 9 | 2 |
| 4 | 8 | 1 | 9 | 3 | 2 | 6 | 7 | 5 |
| 9 | 2 | 4 | 8 | 5 | 6 | 7 | 1 | 3 |
| 7 | 1 | 5 | 3 | 2 | 9 | 4 | 8 | 6 |
| 3 | 6 | 8 | 7 | 1 | 4 | 5 | 2 | 9 |

46

| 4 | 9 | 3 | 1 | 7 | 5 | 8 | 2 | 6 |
| 5 | 8 | 2 | 9 | 4 | 6 | 1 | 7 | 3 |
| 1 | 6 | 7 | 3 | 2 | 8 | 9 | 5 | 4 |
| 6 | 3 | 1 | 7 | 8 | 9 | 2 | 4 | 5 |
| 2 | 7 | 5 | 6 | 1 | 4 | 3 | 9 | 8 |
| 9 | 4 | 8 | 2 | 5 | 3 | 7 | 6 | 1 |
| 7 | 1 | 4 | 5 | 3 | 2 | 6 | 8 | 9 |
| 3 | 5 | 6 | 8 | 9 | 7 | 4 | 1 | 2 |
| 8 | 2 | 9 | 4 | 6 | 1 | 5 | 3 | 7 |

**47**

| 9 | 1 | 7 | 5 | 6 | 2 | 4 | 3 | 8 |
|---|---|---|---|---|---|---|---|---|
| 3 | 5 | 6 | 7 | 4 | 8 | 9 | 1 | 2 |
| 4 | 8 | 2 | 1 | 3 | 9 | 5 | 6 | 7 |
| 6 | 4 | 1 | 8 | 5 | 3 | 2 | 7 | 9 |
| 2 | 7 | 9 | 4 | 1 | 6 | 3 | 8 | 5 |
| 5 | 3 | 8 | 2 | 9 | 7 | 6 | 4 | 1 |
| 7 | 9 | 3 | 6 | 2 | 1 | 8 | 5 | 4 |
| 8 | 2 | 4 | 3 | 7 | 5 | 1 | 9 | 6 |
| 1 | 6 | 5 | 9 | 8 | 4 | 7 | 2 | 3 |

**48**

| 7 | 2 | 6 | 9 | 4 | 3 | 8 | 5 | 1 |
|---|---|---|---|---|---|---|---|---|
| 3 | 9 | 8 | 7 | 5 | 1 | 4 | 2 | 6 |
| 4 | 5 | 1 | 8 | 2 | 6 | 7 | 9 | 3 |
| 8 | 4 | 9 | 6 | 1 | 5 | 3 | 7 | 2 |
| 2 | 3 | 5 | 4 | 8 | 7 | 6 | 1 | 9 |
| 6 | 1 | 7 | 2 | 3 | 9 | 5 | 4 | 8 |
| 5 | 6 | 2 | 1 | 7 | 8 | 9 | 3 | 4 |
| 9 | 7 | 4 | 3 | 6 | 2 | 1 | 8 | 5 |
| 1 | 8 | 3 | 5 | 9 | 4 | 2 | 6 | 7 |

| 9 | **7** | 1 | 5 | 6 | 3 | **2** | **8** | 4 |
|---|---|---|---|---|---|---|---|---|
| 2 | 6 | 4 | 1 | **9** | **8** | 5 | 3 | 7 |
| **5** | 3 | 8 | 4 | 2 | **7** | **9** | 1 | 6 |
| 6 | **2** | 3 | 7 | 8 | **4** | 1 | 9 | **5** |
| **8** | **5** | 9 | **6** | 3 | **1** | 4 | **7** | **2** |
| **1** | 4 | 7 | **9** | 5 | 2 | 3 | **6** | 8 |
| 7 | 9 | **6** | **2** | 1 | 5 | 8 | 4 | **3** |
| 4 | 8 | 5 | **3** | **7** | 9 | 6 | 2 | 1 |
| 3 | **1** | **2** | 8 | 4 | 6 | 7 | **5** | 9 |

| 9 | 3 | 5 | 1 | **6** | 2 | 4 | 7 | 8 |
|---|---|---|---|---|---|---|---|---|
| 7 | **1** | 8 | **5** | 3 | **4** | 2 | **6** | 9 |
| **2** | 6 | **4** | 7 | 8 | 9 | **3** | 5 | **1** |
| **6** | 5 | 1 | **8** | 9 | **3** | 7 | 2 | **4** |
| 4 | **7** | 9 | 2 | **5** | 6 | 8 | **1** | 3 |
| **8** | 2 | 3 | **4** | 7 | **1** | 6 | 9 | **5** |
| **1** | 8 | **7** | 6 | 4 | 5 | **9** | 3 | **2** |
| 3 | **4** | 2 | **9** | 1 | **7** | 5 | **8** | 6 |
| 5 | 9 | 6 | 3 | **2** | 8 | 1 | 4 | 7 |

**51**

| 8 | 7 | 6 | 2 | 1 | 4 | 5 | 3 | 9 |
| 3 | 5 | 9 | 7 | 8 | 6 | 2 | 1 | 4 |
| 1 | 2 | 4 | 3 | 9 | 5 | 6 | 7 | 8 |
| 9 | 8 | 1 | 4 | 5 | 2 | 7 | 6 | 3 |
| 7 | 6 | 2 | 9 | 3 | 1 | 8 | 4 | 5 |
| 5 | 4 | 3 | 6 | 7 | 8 | 9 | 2 | 1 |
| 4 | 3 | 5 | 8 | 2 | 7 | 1 | 9 | 6 |
| 2 | 9 | 8 | 1 | 6 | 3 | 4 | 5 | 7 |
| 6 | 1 | 7 | 5 | 4 | 9 | 3 | 8 | 2 |

**52**

| 9 | 2 | 8 | 7 | 6 | 1 | 3 | 5 | 4 |
| 5 | 4 | 1 | 8 | 9 | 3 | 6 | 7 | 2 |
| 7 | 3 | 6 | 4 | 2 | 5 | 1 | 8 | 9 |
| 8 | 9 | 5 | 6 | 1 | 7 | 2 | 4 | 3 |
| 1 | 7 | 3 | 5 | 4 | 2 | 9 | 6 | 8 |
| 2 | 6 | 4 | 3 | 8 | 9 | 5 | 1 | 7 |
| 6 | 5 | 7 | 2 | 3 | 8 | 4 | 9 | 1 |
| 4 | 1 | 2 | 9 | 7 | 6 | 8 | 3 | 5 |
| 3 | 8 | 9 | 1 | 5 | 4 | 7 | 2 | 6 |

Su Doku

**53**

| 9 | 3 | 2 | 6 | 1 | 5 | 4 | 7 | 8 |
| 1 | 4 | 6 | 8 | 3 | 7 | 5 | 2 | 9 |
| 5 | 7 | 8 | 9 | 4 | 2 | 3 | 6 | 1 |
| 7 | 2 | 9 | 5 | 6 | 3 | 1 | 8 | 4 |
| 8 | 6 | 3 | 4 | 9 | 1 | 7 | 5 | 2 |
| 4 | 5 | 1 | 7 | 2 | 8 | 6 | 9 | 3 |
| 6 | 9 | 7 | 1 | 8 | 4 | 2 | 3 | 5 |
| 2 | 8 | 4 | 3 | 5 | 6 | 9 | 1 | 7 |
| 3 | 1 | 5 | 2 | 7 | 9 | 8 | 4 | 6 |

**54**

| 8 | 2 | 4 | 9 | 6 | 3 | 1 | 5 | 7 |
| 9 | 6 | 5 | 4 | 1 | 7 | 8 | 3 | 2 |
| 3 | 1 | 7 | 8 | 2 | 5 | 9 | 4 | 6 |
| 6 | 8 | 2 | 7 | 4 | 9 | 3 | 1 | 5 |
| 4 | 3 | 1 | 6 | 5 | 8 | 7 | 2 | 9 |
| 5 | 7 | 9 | 1 | 3 | 2 | 6 | 8 | 4 |
| 2 | 9 | 8 | 5 | 7 | 1 | 4 | 6 | 3 |
| 1 | 4 | 3 | 2 | 9 | 6 | 5 | 7 | 8 |
| 7 | 5 | 6 | 3 | 8 | 4 | 2 | 9 | 1 |

**55**

| 3 | 7 | 8 | 6 | 2 | 5 | 4 | 1 | 9 |
| 9 | 6 | 1 | 8 | 7 | 4 | 5 | 2 | 3 |
| 2 | 4 | 5 | 3 | 1 | 9 | 6 | 7 | 8 |
| 5 | 3 | 9 | 1 | 6 | 8 | 2 | 4 | 7 |
| 6 | 2 | 7 | 9 | 4 | 3 | 8 | 5 | 1 |
| 1 | 8 | 4 | 7 | 5 | 2 | 3 | 9 | 6 |
| 4 | 1 | 3 | 5 | 9 | 6 | 7 | 8 | 2 |
| 8 | 9 | 2 | 4 | 3 | 7 | 1 | 6 | 5 |
| 7 | 5 | 6 | 2 | 8 | 1 | 9 | 3 | 4 |

**56**

| 2 | 9 | 7 | 8 | 4 | 3 | 5 | 6 | 1 |
| 6 | 3 | 1 | 7 | 2 | 5 | 4 | 8 | 9 |
| 5 | 8 | 4 | 9 | 1 | 6 | 2 | 7 | 3 |
| 9 | 5 | 2 | 3 | 7 | 4 | 8 | 1 | 6 |
| 4 | 6 | 3 | 1 | 5 | 8 | 7 | 9 | 2 |
| 1 | 7 | 8 | 2 | 6 | 9 | 3 | 4 | 5 |
| 8 | 1 | 9 | 5 | 3 | 7 | 6 | 2 | 4 |
| 7 | 4 | 5 | 6 | 9 | 2 | 1 | 3 | 8 |
| 3 | 2 | 6 | 4 | 8 | 1 | 9 | 5 | 7 |

Su Doku

57

| 7 | 1 | 3 | 2 | 9 | 8 | 5 | 6 | 4 |
|---|---|---|---|---|---|---|---|---|
| 5 | 4 | 9 | 1 | 6 | 3 | 8 | 7 | 2 |
| 2 | 6 | 8 | 5 | 4 | 7 | 9 | 3 | 1 |
| 9 | 3 | 2 | 8 | 5 | 4 | 7 | 1 | 6 |
| 1 | 7 | 5 | 3 | 2 | 6 | 4 | 8 | 9 |
| 6 | 8 | 4 | 7 | 1 | 9 | 3 | 2 | 5 |
| 4 | 2 | 7 | 6 | 3 | 5 | 1 | 9 | 8 |
| 3 | 9 | 1 | 4 | 8 | 2 | 6 | 5 | 7 |
| 8 | 5 | 6 | 9 | 7 | 1 | 2 | 4 | 3 |

58

| 6 | 1 | 5 | 7 | 8 | 4 | 2 | 3 | 9 |
|---|---|---|---|---|---|---|---|---|
| 7 | 9 | 3 | 1 | 5 | 2 | 4 | 8 | 6 |
| 2 | 8 | 4 | 9 | 3 | 6 | 5 | 1 | 7 |
| 1 | 3 | 8 | 4 | 2 | 7 | 9 | 6 | 5 |
| 5 | 7 | 6 | 3 | 1 | 9 | 8 | 4 | 2 |
| 4 | 2 | 9 | 5 | 6 | 8 | 1 | 7 | 3 |
| 8 | 5 | 7 | 2 | 4 | 3 | 6 | 9 | 1 |
| 9 | 6 | 1 | 8 | 7 | 5 | 3 | 2 | 4 |
| 3 | 4 | 2 | 6 | 9 | 1 | 7 | 5 | 8 |

| 7 | 1 | 2 | 5 | 8 | 9 | 6 | 3 | 4 |
| 3 | 8 | 5 | 4 | 2 | 6 | 9 | 7 | 1 |
| 4 | 6 | 9 | 3 | 7 | 1 | 8 | 5 | 2 |
| 6 | 7 | 3 | 8 | 4 | 2 | 5 | 1 | 9 |
| 2 | 4 | 1 | 7 | 9 | 5 | 3 | 6 | 8 |
| 9 | 5 | 8 | 6 | 1 | 3 | 4 | 2 | 7 |
| 1 | 9 | 6 | 2 | 3 | 8 | 7 | 4 | 5 |
| 5 | 2 | 7 | 9 | 6 | 4 | 1 | 8 | 3 |
| 8 | 3 | 4 | 1 | 5 | 7 | 2 | 9 | 6 |

| 5 | 9 | 3 | 8 | 1 | 2 | 4 | 7 | 6 |
| 4 | 2 | 7 | 5 | 3 | 6 | 8 | 1 | 9 |
| 8 | 6 | 1 | 9 | 7 | 4 | 2 | 3 | 5 |
| 6 | 1 | 4 | 7 | 8 | 5 | 3 | 9 | 2 |
| 7 | 5 | 9 | 6 | 2 | 3 | 1 | 4 | 8 |
| 3 | 8 | 2 | 4 | 9 | 1 | 6 | 5 | 7 |
| 9 | 3 | 8 | 2 | 4 | 7 | 5 | 6 | 1 |
| 1 | 7 | 5 | 3 | 6 | 8 | 9 | 2 | 4 |
| 2 | 4 | 6 | 1 | 5 | 9 | 7 | 8 | 3 |

| 5 | 2 | 7 | 1 | 6 | 8 | 9 | 3 | 4 |
| 8 | 3 | 6 | 7 | 4 | 9 | 1 | 5 | 2 |
| 1 | 4 | 9 | 3 | 5 | 2 | 6 | 8 | 7 |
| 3 | 7 | 8 | 6 | 9 | 4 | 5 | 2 | 1 |
| 4 | 6 | 1 | 2 | 3 | 5 | 7 | 9 | 8 |
| 9 | 5 | 2 | 8 | 7 | 1 | 3 | 4 | 6 |
| 7 | 9 | 3 | 4 | 8 | 6 | 2 | 1 | 5 |
| 2 | 8 | 5 | 9 | 1 | 7 | 4 | 6 | 3 |
| 6 | 1 | 4 | 5 | 2 | 3 | 8 | 7 | 9 |

| 8 | 5 | 4 | 3 | 2 | 9 | 6 | 7 | 1 |
| 6 | 2 | 7 | 8 | 5 | 1 | 4 | 3 | 9 |
| 1 | 3 | 9 | 4 | 7 | 6 | 5 | 8 | 2 |
| 3 | 7 | 1 | 9 | 4 | 8 | 2 | 5 | 6 |
| 4 | 9 | 8 | 5 | 6 | 2 | 7 | 1 | 3 |
| 5 | 6 | 2 | 1 | 3 | 7 | 9 | 4 | 8 |
| 2 | 4 | 6 | 7 | 8 | 3 | 1 | 9 | 5 |
| 9 | 8 | 5 | 2 | 1 | 4 | 3 | 6 | 7 |
| 7 | 1 | 3 | 6 | 9 | 5 | 8 | 2 | 4 |

63

| 1 | 4 | 8 | 2 | 9 | 5 | 6 | 3 | 7 |
| 3 | 7 | 9 | 8 | 4 | 6 | 5 | 2 | 1 |
| 6 | 5 | 2 | 3 | 7 | 1 | 9 | 4 | 8 |
| 4 | 6 | 1 | 7 | 8 | 9 | 2 | 5 | 3 |
| 8 | 2 | 5 | 1 | 3 | 4 | 7 | 6 | 9 |
| 9 | 3 | 7 | 6 | 5 | 2 | 1 | 8 | 4 |
| 5 | 1 | 4 | 9 | 6 | 3 | 8 | 7 | 2 |
| 2 | 8 | 3 | 5 | 1 | 7 | 4 | 9 | 6 |
| 7 | 9 | 6 | 4 | 2 | 8 | 3 | 1 | 5 |

64

| 8 | 9 | 2 | 3 | 7 | 1 | 5 | 6 | 4 |
| 4 | 1 | 7 | 9 | 5 | 6 | 8 | 3 | 2 |
| 5 | 6 | 3 | 8 | 4 | 2 | 7 | 9 | 1 |
| 6 | 2 | 9 | 1 | 8 | 7 | 4 | 5 | 3 |
| 3 | 4 | 8 | 6 | 9 | 5 | 1 | 2 | 7 |
| 7 | 5 | 1 | 4 | 2 | 3 | 9 | 8 | 6 |
| 1 | 7 | 5 | 2 | 3 | 8 | 6 | 4 | 9 |
| 9 | 3 | 6 | 5 | 1 | 4 | 2 | 7 | 8 |
| 2 | 8 | 4 | 7 | 6 | 9 | 3 | 1 | 5 |

65

| 3 | 7 | 1 | **6** | 4 | 8 | 5 | 9 | **2** |
|---|---|---|---|---|---|---|---|---|
| **2** | 5 | **8** | 3 | **9** | 1 | 6 | 7 | 4 |
| **6** | **9** | 4 | **7** | 5 | 2 | **8** | 3 | **1** |
| **7** | 2 | 3 | **9** | **1** | 6 | 4 | 8 | 5 |
| 1 | **8** | 5 | 4 | 7 | 3 | **2** | **6** | 9 |
| 9 | 4 | 6 | 8 | **2** | 5 | 7 | 1 | **3** |
| **4** | 1 | **9** | 2 | 6 | **7** | 3 | **5** | **8** |
| 8 | 6 | 2 | 5 | **3** | 9 | **1** | 4 | **7** |
| **5** | 3 | 7 | 1 | 8 | **4** | 9 | 2 | 6 |

66

| 2 | 1 | 7 | **3** | **5** | 9 | 8 | 4 | 6 |
|---|---|---|---|---|---|---|---|---|
| **3** | **5** | **6** | 7 | 8 | 4 | 9 | **1** | **2** |
| 8 | **9** | 4 | 2 | **1** | 6 | 3 | **5** | 7 |
| 9 | 8 | **1** | **5** | 6 | 3 | 7 | 2 | 4 |
| 6 | 4 | 2 | **8** | **7** | **1** | 5 | 9 | 3 |
| 5 | 7 | 3 | 9 | 4 | **2** | **6** | 8 | 1 |
| **4** | **2** | 8 | 6 | **3** | 5 | 1 | **7** | 9 |
| **7** | **6** | 9 | 1 | 2 | 8 | **4** | **3** | **5** |
| 1 | 3 | 5 | 4 | **9** | **7** | 2 | 6 | 8 |

| 4 | 1 | 6 | 3 | 5 | 2 | 8 | 9 | 7 |
| 5 | 7 | 2 | 4 | 9 | 8 | 6 | 3 | 1 |
| 8 | 3 | 9 | 1 | 6 | 7 | 2 | 4 | 5 |
| 6 | 9 | 5 | 2 | 7 | 4 | 1 | 8 | 3 |
| 7 | 4 | 1 | 8 | 3 | 6 | 5 | 2 | 9 |
| 2 | 8 | 3 | 5 | 1 | 9 | 4 | 7 | 6 |
| 3 | 6 | 4 | 9 | 8 | 5 | 7 | 1 | 2 |
| 9 | 5 | 8 | 7 | 2 | 1 | 3 | 6 | 4 |
| 1 | 2 | 7 | 6 | 4 | 3 | 9 | 5 | 8 |

| 2 | 3 | 7 | 8 | 6 | 4 | 9 | 5 | 1 |
| 5 | 8 | 1 | 9 | 2 | 7 | 3 | 6 | 4 |
| 4 | 9 | 6 | 3 | 1 | 5 | 8 | 7 | 2 |
| 8 | 2 | 4 | 7 | 5 | 6 | 1 | 9 | 3 |
| 9 | 6 | 3 | 4 | 8 | 1 | 7 | 2 | 5 |
| 7 | 1 | 5 | 2 | 9 | 3 | 4 | 8 | 6 |
| 1 | 7 | 8 | 6 | 3 | 2 | 5 | 4 | 9 |
| 3 | 4 | 2 | 5 | 7 | 9 | 6 | 1 | 8 |
| 6 | 5 | 9 | 1 | 4 | 8 | 2 | 3 | 7 |

| 5 | 6 | 7 | 4 | 1 | 9 | 8 | 3 | 2 |
| 1 | 9 | 8 | 6 | 2 | 3 | 7 | 4 | 5 |
| 2 | 4 | 3 | 8 | 7 | 5 | 9 | 1 | 6 |
| 6 | 1 | 4 | 5 | 8 | 2 | 3 | 9 | 7 |
| 3 | 7 | 9 | 1 | 6 | 4 | 5 | 2 | 8 |
| 8 | 2 | 5 | 3 | 9 | 7 | 1 | 6 | 4 |
| 4 | 3 | 6 | 7 | 5 | 1 | 2 | 8 | 9 |
| 9 | 5 | 1 | 2 | 4 | 8 | 6 | 7 | 3 |
| 7 | 8 | 2 | 9 | 3 | 6 | 4 | 5 | 1 |

| 9 | 2 | 4 | 7 | 6 | 3 | 5 | 8 | 1 |
| 8 | 7 | 5 | 2 | 9 | 1 | 4 | 3 | 6 |
| 3 | 1 | 6 | 5 | 4 | 8 | 9 | 2 | 7 |
| 5 | 8 | 3 | 9 | 7 | 2 | 6 | 1 | 4 |
| 1 | 6 | 7 | 8 | 5 | 4 | 2 | 9 | 3 |
| 4 | 9 | 2 | 1 | 3 | 6 | 7 | 5 | 8 |
| 6 | 4 | 8 | 3 | 2 | 5 | 1 | 7 | 9 |
| 7 | 5 | 1 | 4 | 8 | 9 | 3 | 6 | 2 |
| 2 | 3 | 9 | 6 | 1 | 7 | 8 | 4 | 5 |

**71**

| 9 | 1 | 5 | 2 | 4 | 7 | 8 | 6 | 3 |
| 3 | 8 | 6 | 1 | 9 | 5 | 4 | 7 | 2 |
| 4 | 7 | 2 | 8 | 3 | 6 | 9 | 1 | 5 |
| 5 | 3 | 7 | 9 | 1 | 2 | 6 | 8 | 4 |
| 1 | 6 | 8 | 3 | 5 | 4 | 7 | 2 | 9 |
| 2 | 4 | 9 | 6 | 7 | 8 | 3 | 5 | 1 |
| 6 | 9 | 4 | 7 | 2 | 1 | 5 | 3 | 8 |
| 8 | 2 | 3 | 5 | 6 | 9 | 1 | 4 | 7 |
| 7 | 5 | 1 | 4 | 8 | 3 | 2 | 9 | 6 |

**72**

| 5 | 6 | 7 | 3 | 1 | 8 | 2 | 9 | 4 |
| 2 | 8 | 9 | 5 | 4 | 7 | 3 | 1 | 6 |
| 4 | 3 | 1 | 9 | 6 | 2 | 8 | 7 | 5 |
| 1 | 9 | 6 | 8 | 3 | 4 | 7 | 5 | 2 |
| 7 | 4 | 3 | 6 | 2 | 5 | 1 | 8 | 9 |
| 8 | 2 | 5 | 1 | 7 | 9 | 6 | 4 | 3 |
| 6 | 5 | 4 | 7 | 8 | 3 | 9 | 2 | 1 |
| 9 | 1 | 8 | 2 | 5 | 6 | 4 | 3 | 7 |
| 3 | 7 | 2 | 4 | 9 | 1 | 5 | 6 | 8 |

73

| 7 | 8 | 2 | **1** | 4 | **9** | 5 | 3 | **6** |
|---|---|---|---|---|---|---|---|---|
| 5 | **4** | **6** | 3 | 2 | 7 | 1 | **9** | 8 |
| 1 | 9 | 3 | 5 | 6 | 8 | **7** | **2** | 4 |
| **2** | 7 | 5 | 6 | **3** | **1** | 8 | **4** | 9 |
| 8 | 6 | 4 | 2 | 9 | 5 | 3 | 7 | 1 |
| **3** | **1** | 9 | **8** | **7** | 4 | 6 | 5 | **2** |
| 4 | **5** | **1** | 7 | 8 | 2 | 9 | 6 | 3 |
| **6** | **2** | 8 | **9** | 5 | 3 | **4** | **1** | 7 |
| **9** | 3 | 7 | **4** | 1 | **6** | 2 | 8 | 5 |

74

| 9 | 1 | **8** | 5 | 3 | **4** | **2** | 7 | 6 |
|---|---|---|---|---|---|---|---|---|
| 7 | **6** | **2** | 1 | 8 | 9 | 4 | **5** | 3 |
| **3** | 5 | 4 | **7** | 2 | 6 | 9 | **8** | **1** |
| **5** | 9 | 3 | 2 | **7** | 1 | **8** | 6 | 4 |
| 6 | 8 | 1 | **9** | 4 | **3** | 7 | 2 | 5 |
| 4 | **2** | **7** | 8 | **6** | 5 | 1 | 3 | **9** |
| **8** | **3** | 6 | 4 | 9 | **7** | 5 | 1 | **2** |
| 2 | **4** | 5 | 3 | 1 | **8** | **6** | **9** | 7 |
| 1 | 7 | **9** | **6** | 5 | 2 | **3** | 4 | 8 |

| 6 | 8 | 4 | 2 | 3 | 1 | 9 | 7 | 5 |
| 9 | 7 | 1 | 4 | 6 | 5 | 2 | 3 | 8 |
| 2 | 3 | 5 | 7 | 9 | 8 | 6 | 1 | 4 |
| 1 | 9 | 7 | 6 | 2 | 4 | 8 | 5 | 3 |
| 3 | 4 | 6 | 5 | 8 | 7 | 1 | 2 | 9 |
| 5 | 2 | 8 | 3 | 1 | 9 | 4 | 6 | 7 |
| 4 | 5 | 9 | 1 | 7 | 6 | 3 | 8 | 2 |
| 8 | 6 | 2 | 9 | 5 | 3 | 7 | 4 | 1 |
| 7 | 1 | 3 | 8 | 4 | 2 | 5 | 9 | 6 |

| 1 | 3 | 6 | 9 | 5 | 4 | 8 | 2 | 7 |
| 9 | 5 | 2 | 8 | 1 | 7 | 3 | 4 | 6 |
| 7 | 4 | 8 | 2 | 3 | 6 | 5 | 9 | 1 |
| 5 | 9 | 4 | 1 | 7 | 2 | 6 | 8 | 3 |
| 6 | 7 | 1 | 3 | 8 | 9 | 2 | 5 | 4 |
| 2 | 8 | 3 | 6 | 4 | 5 | 1 | 7 | 9 |
| 4 | 1 | 5 | 7 | 2 | 3 | 9 | 6 | 8 |
| 8 | 2 | 9 | 4 | 6 | 1 | 7 | 3 | 5 |
| 3 | 6 | 7 | 5 | 9 | 8 | 4 | 1 | 2 |

77

| 7 | 3 | 9 | 6 | 5 | 2 | 4 | 8 | 1 |
|---|---|---|---|---|---|---|---|---|
| 1 | 2 | 6 | 3 | 4 | 8 | 5 | 9 | 7 |
| 5 | 8 | 4 | 1 | 9 | 7 | 2 | 6 | 3 |
| 2 | 6 | 7 | 8 | 1 | 3 | 9 | 4 | 5 |
| 4 | 9 | 1 | 5 | 7 | 6 | 3 | 2 | 8 |
| 8 | 5 | 3 | 4 | 2 | 9 | 7 | 1 | 6 |
| 9 | 4 | 5 | 7 | 6 | 1 | 8 | 3 | 2 |
| 3 | 1 | 2 | 9 | 8 | 5 | 6 | 7 | 4 |
| 6 | 7 | 8 | 2 | 3 | 4 | 1 | 5 | 9 |

78

| 9 | 8 | 6 | 1 | 4 | 2 | 7 | 5 | 3 |
|---|---|---|---|---|---|---|---|---|
| 1 | 2 | 7 | 6 | 3 | 5 | 9 | 4 | 8 |
| 3 | 4 | 5 | 7 | 8 | 9 | 1 | 2 | 6 |
| 7 | 1 | 8 | 4 | 5 | 6 | 3 | 9 | 2 |
| 2 | 6 | 9 | 3 | 7 | 1 | 4 | 8 | 5 |
| 4 | 5 | 3 | 2 | 9 | 8 | 6 | 7 | 1 |
| 8 | 3 | 1 | 9 | 2 | 4 | 5 | 6 | 7 |
| 6 | 9 | 2 | 5 | 1 | 7 | 8 | 3 | 4 |
| 5 | 7 | 4 | 8 | 6 | 3 | 2 | 1 | 9 |

79

| 5 | 1 | 9 | 3 | 8 | 2 | 4 | 7 | 6 |
| 2 | 3 | 7 | 5 | 6 | 4 | 8 | 9 | 1 |
| 4 | 6 | 8 | 7 | 1 | 9 | 5 | 3 | 2 |
| 7 | 4 | 2 | 9 | 3 | 1 | 6 | 8 | 5 |
| 9 | 5 | 6 | 8 | 2 | 7 | 1 | 4 | 3 |
| 3 | 8 | 1 | 4 | 5 | 6 | 9 | 2 | 7 |
| 1 | 2 | 3 | 6 | 4 | 8 | 7 | 5 | 9 |
| 6 | 9 | 4 | 2 | 7 | 5 | 3 | 1 | 8 |
| 8 | 7 | 5 | 1 | 9 | 3 | 2 | 6 | 4 |

80

| 8 | 1 | 4 | 9 | 3 | 7 | 6 | 2 | 5 |
| 7 | 5 | 6 | 2 | 4 | 8 | 9 | 3 | 1 |
| 9 | 2 | 3 | 1 | 6 | 5 | 4 | 7 | 8 |
| 3 | 8 | 9 | 6 | 1 | 4 | 7 | 5 | 2 |
| 6 | 7 | 2 | 8 | 5 | 3 | 1 | 4 | 9 |
| 1 | 4 | 5 | 7 | 9 | 2 | 8 | 6 | 3 |
| 5 | 6 | 8 | 4 | 2 | 9 | 3 | 1 | 7 |
| 4 | 3 | 7 | 5 | 8 | 1 | 2 | 9 | 6 |
| 2 | 9 | 1 | 3 | 7 | 6 | 5 | 8 | 4 |

Su Doku

81

| 3 | 7 | 1 | 8 | 9 | 2 | 5 | 6 | 4 |
|---|---|---|---|---|---|---|---|---|
| 2 | 5 | 9 | 4 | 6 | 7 | 1 | 8 | 3 |
| 6 | 4 | 8 | 3 | 1 | 5 | 9 | 2 | 7 |
| 1 | 9 | 3 | 5 | 2 | 4 | 8 | 7 | 6 |
| 7 | 6 | 4 | 9 | 3 | 8 | 2 | 1 | 5 |
| 8 | 2 | 5 | 6 | 7 | 1 | 3 | 4 | 9 |
| 4 | 8 | 7 | 2 | 5 | 3 | 6 | 9 | 1 |
| 9 | 3 | 2 | 1 | 4 | 6 | 7 | 5 | 8 |
| 5 | 1 | 6 | 7 | 8 | 9 | 4 | 3 | 2 |

82

| 6 | 4 | 3 | 2 | 9 | 8 | 5 | 1 | 7 |
|---|---|---|---|---|---|---|---|---|
| 2 | 8 | 1 | 3 | 5 | 7 | 6 | 9 | 4 |
| 9 | 7 | 5 | 1 | 6 | 4 | 8 | 3 | 2 |
| 1 | 9 | 8 | 6 | 4 | 2 | 3 | 7 | 5 |
| 3 | 5 | 4 | 9 | 7 | 1 | 2 | 6 | 8 |
| 7 | 2 | 6 | 5 | 8 | 3 | 9 | 4 | 1 |
| 8 | 6 | 9 | 7 | 1 | 5 | 4 | 2 | 3 |
| 4 | 1 | 2 | 8 | 3 | 9 | 7 | 5 | 6 |
| 5 | 3 | 7 | 4 | 2 | 6 | 1 | 8 | 9 |

83

| 8 | 7 | 2 | 1 | 9 | 5 | 4 | 3 | 6 |
| 6 | 1 | 3 | 4 | 7 | 2 | 8 | 9 | 5 |
| 5 | 9 | 4 | 8 | 6 | 3 | 2 | 1 | 7 |
| 9 | 4 | 1 | 3 | 5 | 6 | 7 | 2 | 8 |
| 7 | 6 | 5 | 2 | 1 | 8 | 9 | 4 | 3 |
| 3 | 2 | 8 | 9 | 4 | 7 | 5 | 6 | 1 |
| 4 | 5 | 9 | 7 | 3 | 1 | 6 | 8 | 2 |
| 2 | 3 | 6 | 5 | 8 | 9 | 1 | 7 | 4 |
| 1 | 8 | 7 | 6 | 2 | 4 | 3 | 5 | 9 |

84

| 2 | 8 | 1 | 3 | 9 | 7 | 6 | 5 | 4 |
| 6 | 4 | 9 | 1 | 2 | 5 | 7 | 3 | 8 |
| 3 | 7 | 5 | 4 | 6 | 8 | 9 | 2 | 1 |
| 5 | 9 | 8 | 6 | 4 | 3 | 2 | 1 | 7 |
| 7 | 2 | 3 | 8 | 5 | 1 | 4 | 6 | 9 |
| 1 | 6 | 4 | 2 | 7 | 9 | 5 | 8 | 3 |
| 4 | 3 | 6 | 7 | 8 | 2 | 1 | 9 | 5 |
| 9 | 1 | 7 | 5 | 3 | 6 | 8 | 4 | 2 |
| 8 | 5 | 2 | 9 | 1 | 4 | 3 | 7 | 6 |

**85**

| 5 | 4 | 2 | 1 | 9 | 6 | 3 | 7 | 8 |
|---|---|---|---|---|---|---|---|---|
| 1 | 6 | 3 | 2 | 8 | 7 | 9 | 4 | 5 |
| 7 | 8 | 9 | 4 | 3 | 5 | 2 | 1 | 6 |
| 6 | 2 | 8 | 5 | 1 | 9 | 7 | 3 | 4 |
| 9 | 3 | 1 | 6 | 7 | 4 | 5 | 8 | 2 |
| 4 | 7 | 5 | 8 | 2 | 3 | 1 | 6 | 9 |
| 2 | 9 | 4 | 7 | 6 | 1 | 8 | 5 | 3 |
| 8 | 1 | 6 | 3 | 5 | 2 | 4 | 9 | 7 |
| 3 | 5 | 7 | 9 | 4 | 8 | 6 | 2 | 1 |

**86**

| 5 | 4 | 6 | 1 | 7 | 2 | 3 | 8 | 9 |
|---|---|---|---|---|---|---|---|---|
| 9 | 8 | 7 | 5 | 6 | 3 | 4 | 1 | 2 |
| 2 | 1 | 3 | 9 | 8 | 4 | 6 | 5 | 7 |
| 4 | 3 | 5 | 7 | 2 | 8 | 9 | 6 | 1 |
| 8 | 2 | 9 | 6 | 5 | 1 | 7 | 4 | 3 |
| 7 | 6 | 1 | 4 | 3 | 9 | 8 | 2 | 5 |
| 6 | 5 | 2 | 8 | 9 | 7 | 1 | 3 | 4 |
| 1 | 9 | 8 | 3 | 4 | 5 | 2 | 7 | 6 |
| 3 | 7 | 4 | 2 | 1 | 6 | 5 | 9 | 8 |

| 3 | 2 | 5 | 9 | 8 | 7 | 1 | 4 | 6 |
|---|---|---|---|---|---|---|---|---|
| 9 | 1 | 7 | 3 | 6 | 4 | 8 | 5 | 2 |
| 8 | 6 | 4 | 1 | 2 | 5 | 9 | 7 | 3 |
| 4 | 7 | 8 | 5 | 9 | 6 | 2 | 3 | 1 |
| 1 | 9 | 3 | 4 | 7 | 2 | 5 | 6 | 8 |
| 6 | 5 | 2 | 8 | 3 | 1 | 7 | 9 | 4 |
| 2 | 8 | 6 | 7 | 5 | 3 | 4 | 1 | 9 |
| 5 | 4 | 9 | 6 | 1 | 8 | 3 | 2 | 7 |
| 7 | 3 | 1 | 2 | 4 | 9 | 6 | 8 | 5 |

| 9 | 1 | 3 | 2 | 8 | 7 | 4 | 5 | 6 |
|---|---|---|---|---|---|---|---|---|
| 7 | 5 | 6 | 3 | 1 | 4 | 2 | 8 | 9 |
| 4 | 8 | 2 | 5 | 9 | 6 | 7 | 3 | 1 |
| 2 | 9 | 4 | 8 | 3 | 1 | 6 | 7 | 5 |
| 3 | 7 | 8 | 9 | 6 | 5 | 1 | 4 | 2 |
| 5 | 6 | 1 | 4 | 7 | 2 | 3 | 9 | 8 |
| 8 | 2 | 7 | 1 | 4 | 9 | 5 | 6 | 3 |
| 1 | 4 | 9 | 6 | 5 | 3 | 8 | 2 | 7 |
| 6 | 3 | 5 | 7 | 2 | 8 | 9 | 1 | 4 |

Su Doku

| 2 | **1** | 4 | 8 | 9 | 3 | 6 | **7** | 5 |
|---|---|---|---|---|---|---|---|---|
| **7** | **3** | 5 | 2 | **4** | 6 | 8 | 9 | **1** |
| 8 | 9 | **6** | 1 | 7 | **5** | 3 | 4 | 2 |
| 9 | 4 | **8** | **6** | **1** | 2 | **7** | 5 | 3 |
| **5** | 7 | 1 | **4** | 3 | **9** | 2 | 6 | **8** |
| 3 | 6 | **2** | 5 | **8** | **7** | **9** | 1 | 4 |
| 1 | 8 | 3 | **9** | 6 | 4 | **5** | 2 | 7 |
| **4** | 5 | 9 | 7 | **2** | 8 | 1 | **3** | **6** |
| 6 | **2** | 7 | 3 | 5 | 1 | 4 | **8** | 9 |

| 2 | **5** | 3 | 6 | 8 | 9 | 1 | 4 | 7 |
|---|---|---|---|---|---|---|---|---|
| **4** | **7** | **1** | 3 | **5** | 2 | 9 | **8** | 6 |
| 8 | 6 | 9 | 7 | 4 | 1 | **5** | **3** | **2** |
| 6 | **9** | 8 | 2 | **7** | **3** | **4** | 1 | 5 |
| 3 | 2 | **5** | **9** | 1 | **4** | **7** | 6 | 8 |
| 7 | 1 | **4** | **8** | **6** | 5 | 2 | **9** | 3 |
| **1** | **8** | **6** | 5 | 9 | 7 | 3 | 2 | 4 |
| 5 | **4** | 2 | 1 | **3** | 8 | **6** | **7** | **9** |
| 9 | 3 | 7 | 4 | 2 | 6 | 8 | **5** | 1 |

91

| 3 | 7 | 1 | 8 | 5 | 2 | 9 | 6 | 4 |
| 2 | 4 | 5 | 9 | 7 | 6 | 3 | 8 | 1 |
| 9 | 6 | 8 | 1 | 3 | 4 | 2 | 7 | 5 |
| 7 | 1 | 2 | 6 | 4 | 8 | 5 | 3 | 9 |
| 6 | 8 | 9 | 5 | 1 | 3 | 7 | 4 | 2 |
| 4 | 5 | 3 | 7 | 2 | 9 | 8 | 1 | 6 |
| 8 | 2 | 6 | 4 | 9 | 7 | 1 | 5 | 3 |
| 1 | 3 | 4 | 2 | 8 | 5 | 6 | 9 | 7 |
| 5 | 9 | 7 | 3 | 6 | 1 | 4 | 2 | 8 |

92

| 3 | 1 | 6 | 8 | 7 | 4 | 5 | 2 | 9 |
| 2 | 8 | 7 | 1 | 5 | 9 | 4 | 6 | 3 |
| 5 | 4 | 9 | 6 | 2 | 3 | 8 | 1 | 7 |
| 4 | 3 | 8 | 9 | 6 | 5 | 1 | 7 | 2 |
| 1 | 7 | 5 | 3 | 8 | 2 | 6 | 9 | 4 |
| 9 | 6 | 2 | 4 | 1 | 7 | 3 | 5 | 8 |
| 7 | 2 | 3 | 5 | 4 | 1 | 9 | 8 | 6 |
| 6 | 9 | 1 | 2 | 3 | 8 | 7 | 4 | 5 |
| 8 | 5 | 4 | 7 | 9 | 6 | 2 | 3 | 1 |

93

| 3 | 6 | 2 | 5 | **4** | **1** | **9** | 8 | 7 |
|---|---|---|---|---|---|---|---|---|
| 7 | 1 | **9** | 8 | 6 | **3** | **5** | 4 | 2 |
| 8 | **5** | 4 | 2 | **7** | 9 | 6 | **1** | 3 |
| 9 | 3 | 7 | **1** | 5 | 8 | 2 | **6** | **4** |
| **6** | 4 | **1** | 7 | 9 | 2 | **3** | 5 | **8** |
| **5** | **2** | 8 | 4 | 3 | **6** | 7 | 9 | 1 |
| **1** | **7** | 5 | 6 | **2** | 4 | 8 | **3** | 9 |
| 4 | 9 | **6** | **3** | 8 | 7 | **1** | 2 | 5 |
| 2 | 8 | **3** | **9** | **1** | 5 | 4 | 7 | 6 |

94

| **5** | 7 | **6** | 3 | 4 | **9** | 8 | 2 | 1 |
|---|---|---|---|---|---|---|---|---|
| **8** | 4 | **9** | **7** | 1 | 2 | 6 | 3 | 5 |
| 3 | 1 | 2 | 8 | 6 | 5 | 9 | **4** | 7 |
| **2** | **5** | 1 | 9 | **8** | 6 | 3 | 7 | 4 |
| **7** | 9 | 3 | **1** | 2 | **4** | 5 | 6 | **8** |
| 4 | 6 | 8 | 5 | **3** | 7 | 1 | **9** | **2** |
| **6** | **3** | 7 | 2 | 5 | 8 | 4 | 1 | 9 |
| 9 | 8 | 4 | 6 | 7 | **1** | **2** | 5 | **3** |
| 1 | 2 | 5 | **4** | 9 | 3 | **7** | 8 | **6** |

95

| 2 | 6 | **9** | **4** | 5 | 1 | 7 | 3 | **8** |
|---|---|---|---|---|---|---|---|---|
| 7 | 5 | 4 | **3** | **6** | 8 | **1** | 2 | 9 |
| **3** | 1 | **8** | 2 | 7 | 9 | 6 | **5** | 4 |
| **4** | **8** | 5 | **7** | **2** | 3 | 9 | 1 | 6 |
| 6 | **2** | 1 | 5 | 9 | **4** | 8 | **7** | 3 |
| 9 | 3 | 7 | 8 | **1** | 6 | 5 | **4** | **2** |
| 5 | **7** | 3 | 6 | 8 | 2 | **4** | 9 | **1** |
| 1 | 4 | **6** | 9 | **3** | **7** | 2 | 8 | 5 |
| **8** | 9 | 2 | 1 | 4 | **5** | **3** | 6 | 7 |

96

| **4** | 7 | 6 | **9** | **2** | 1 | 5 | 3 | 8 |
|---|---|---|---|---|---|---|---|---|
| **3** | **9** | 2 | 6 | 5 | **8** | 1 | **7** | 4 |
| 1 | 5 | 8 | **3** | 7 | 4 | 2 | 6 | 9 |
| **6** | **3** | 5 | 7 | 8 | 2 | **4** | 9 | **1** |
| **7** | 1 | 9 | 4 | 6 | 5 | 3 | 8 | **2** |
| **8** | 2 | **4** | 1 | 3 | 9 | 7 | **5** | **6** |
| 2 | 8 | 3 | 5 | 1 | **6** | 9 | 4 | 7 |
| 5 | **4** | 1 | **8** | 9 | 7 | 6 | **2** | 3 |
| **9** | **6** | 7 | **2** | **4** | 3 | 8 | 1 | **5** |

**97**

| 1 | 4 | 7 | 2 | 3 | 5 | 6 | 9 | 8 |
|---|---|---|---|---|---|---|---|---|
| 2 | 5 | 3 | 8 | 9 | 6 | 4 | 1 | 7 |
| 8 | 6 | 9 | 4 | 1 | 7 | 3 | 5 | 2 |
| 7 | 2 | 5 | 6 | 4 | 8 | 1 | 3 | 9 |
| 6 | 9 | 8 | 3 | 2 | 1 | 7 | 4 | 5 |
| 3 | 1 | 4 | 7 | 5 | 9 | 2 | 8 | 6 |
| 4 | 8 | 2 | 9 | 7 | 3 | 5 | 6 | 1 |
| 9 | 3 | 1 | 5 | 6 | 2 | 8 | 7 | 4 |
| 5 | 7 | 6 | 1 | 8 | 4 | 9 | 2 | 3 |

**98**

| 1 | 2 | 9 | 4 | 8 | 5 | 6 | 3 | 7 |
|---|---|---|---|---|---|---|---|---|
| 3 | 5 | 4 | 7 | 6 | 1 | 9 | 2 | 8 |
| 7 | 6 | 8 | 2 | 3 | 9 | 5 | 1 | 4 |
| 2 | 3 | 6 | 5 | 9 | 4 | 8 | 7 | 1 |
| 9 | 7 | 1 | 3 | 2 | 8 | 4 | 5 | 6 |
| 8 | 4 | 5 | 6 | 1 | 7 | 2 | 9 | 3 |
| 5 | 1 | 7 | 8 | 4 | 2 | 3 | 6 | 9 |
| 6 | 8 | 2 | 9 | 7 | 3 | 1 | 4 | 5 |
| 4 | 9 | 3 | 1 | 5 | 6 | 7 | 8 | 2 |

99

| 9 | 1 | 2 | 6 | 8 | 5 | 4 | 3 | 7 |
| 6 | 8 | 4 | 3 | 9 | 7 | 5 | 1 | 2 |
| 7 | 3 | 5 | 1 | 4 | 2 | 6 | 8 | 9 |
| 1 | 6 | 9 | 2 | 5 | 3 | 7 | 4 | 8 |
| 8 | 2 | 7 | 4 | 6 | 9 | 1 | 5 | 3 |
| 4 | 5 | 3 | 7 | 1 | 8 | 2 | 9 | 6 |
| 5 | 7 | 8 | 9 | 2 | 4 | 3 | 6 | 1 |
| 3 | 4 | 6 | 8 | 7 | 1 | 9 | 2 | 5 |
| 2 | 9 | 1 | 5 | 3 | 6 | 8 | 7 | 4 |

100

| 5 | 1 | 9 | 4 | 3 | 8 | 2 | 6 | 7 |
| 8 | 6 | 2 | 9 | 1 | 7 | 3 | 4 | 5 |
| 4 | 7 | 3 | 2 | 6 | 5 | 1 | 8 | 9 |
| 6 | 9 | 8 | 3 | 4 | 1 | 7 | 5 | 2 |
| 1 | 4 | 7 | 5 | 2 | 6 | 8 | 9 | 3 |
| 2 | 3 | 5 | 8 | 7 | 9 | 6 | 1 | 4 |
| 7 | 8 | 4 | 1 | 5 | 2 | 9 | 3 | 6 |
| 9 | 5 | 6 | 7 | 8 | 3 | 4 | 2 | 1 |
| 3 | 2 | 1 | 6 | 9 | 4 | 5 | 7 | 8 |

| 5 | **9** | **8** | 4 | 7 | **3** | 6 | 2 | 1 |
|---|---|---|---|---|---|---|---|---|
| **3** | 1 | 6 | 9 | 5 | 2 | **7** | **4** | **8** |
| **4** | 2 | 7 | 8 | 6 | **1** | 3 | 9 | 5 |
| **7** | **8** | **4** | 3 | 1 | 5 | **2** | 6 | 9 |
| **9** | **3** | 5 | 2 | 8 | 6 | 4 | **1** | **7** |
| 2 | 6 | **1** | 7 | 9 | 4 | **5** | **8** | **3** |
| 8 | 4 | 2 | **5** | 3 | 9 | 1 | 7 | **6** |
| **6** | **7** | **3** | 1 | 4 | 8 | 9 | 5 | **2** |
| 1 | 5 | 9 | **6** | 2 | 7 | **8** | **3** | 4 |

| 9 | 7 | **6** | **1** | 4 | 5 | 3 | **2** | 8 |
|---|---|---|---|---|---|---|---|---|
| 2 | 1 | 8 | 7 | 6 | **3** | 4 | 5 | **9** |
| 5 | 3 | **4** | **9** | **8** | 2 | **7** | 6 | **1** |
| 3 | 4 | **9** | 8 | 5 | 1 | 6 | 7 | 2 |
| 7 | **5** | 1 | **2** | 9 | **6** | 8 | **3** | 4 |
| 6 | 8 | 2 | 4 | 3 | **7** | **1** | 9 | 5 |
| **4** | 9 | **3** | 5 | **7** | **8** | **2** | 1 | 6 |
| **1** | 6 | 5 | **3** | 2 | 4 | 9 | 8 | 7 |
| 8 | **2** | 7 | 6 | 1 | **9** | **5** | 4 | 3 |

| 4 | 9 | 2 | 6 | 7 | 1 | 8 | 3 | 5 |
| 8 | 6 | 3 | 5 | 9 | 2 | 4 | 7 | 1 |
| 1 | 5 | 7 | 3 | 4 | 8 | 2 | 9 | 6 |
| 9 | 1 | 8 | 4 | 6 | 7 | 3 | 5 | 2 |
| 2 | 7 | 5 | 1 | 8 | 3 | 6 | 4 | 9 |
| 6 | 3 | 4 | 9 | 2 | 5 | 7 | 1 | 8 |
| 7 | 8 | 1 | 2 | 3 | 9 | 5 | 6 | 4 |
| 3 | 4 | 9 | 8 | 5 | 6 | 1 | 2 | 7 |
| 5 | 2 | 6 | 7 | 1 | 4 | 9 | 8 | 3 |

| 9 | 5 | 7 | 4 | 6 | 8 | 2 | 1 | 3 |
| 2 | 1 | 8 | 3 | 9 | 7 | 5 | 6 | 4 |
| 3 | 6 | 4 | 1 | 5 | 2 | 8 | 9 | 7 |
| 8 | 7 | 9 | 6 | 1 | 5 | 3 | 4 | 2 |
| 1 | 2 | 6 | 7 | 4 | 3 | 9 | 8 | 5 |
| 4 | 3 | 5 | 2 | 8 | 9 | 1 | 7 | 6 |
| 6 | 8 | 1 | 5 | 2 | 4 | 7 | 3 | 9 |
| 7 | 4 | 2 | 9 | 3 | 1 | 6 | 5 | 8 |
| 5 | 9 | 3 | 8 | 7 | 6 | 4 | 2 | 1 |

**105**

| 1 | 5 | 6 | 9 | 4 | 8 | 2 | 7 | 3 |
|---|---|---|---|---|---|---|---|---|
| 4 | 7 | 3 | 2 | 5 | 6 | 1 | 8 | 9 |
| 8 | 2 | 9 | 1 | 3 | 7 | 6 | 5 | 4 |
| 2 | 4 | 7 | 8 | 1 | 3 | 5 | 9 | 6 |
| 3 | 8 | 5 | 6 | 9 | 4 | 7 | 1 | 2 |
| 6 | 9 | 1 | 5 | 7 | 2 | 4 | 3 | 8 |
| 7 | 3 | 2 | 4 | 8 | 5 | 9 | 6 | 1 |
| 9 | 6 | 8 | 7 | 2 | 1 | 3 | 4 | 5 |
| 5 | 1 | 4 | 3 | 6 | 9 | 8 | 2 | 7 |

**106**

| 3 | 4 | 6 | 7 | 8 | 5 | 2 | 1 | 9 |
|---|---|---|---|---|---|---|---|---|
| 9 | 1 | 8 | 4 | 6 | 2 | 5 | 7 | 3 |
| 7 | 2 | 5 | 9 | 1 | 3 | 8 | 4 | 6 |
| 2 | 7 | 3 | 1 | 9 | 4 | 6 | 8 | 5 |
| 8 | 9 | 4 | 2 | 5 | 6 | 7 | 3 | 1 |
| 6 | 5 | 1 | 3 | 7 | 8 | 9 | 2 | 4 |
| 1 | 6 | 2 | 5 | 3 | 7 | 4 | 9 | 8 |
| 5 | 3 | 7 | 8 | 4 | 9 | 1 | 6 | 2 |
| 4 | 8 | 9 | 6 | 2 | 1 | 3 | 5 | 7 |

| 4 | 2 | 8 | 7 | 1 | 6 | 3 | 5 | 9 |
| 6 | 3 | 1 | 9 | 2 | 5 | 7 | 4 | 8 |
| 7 | 5 | 9 | 8 | 3 | 4 | 2 | 6 | 1 |
| 1 | 8 | 6 | 2 | 4 | 3 | 5 | 9 | 7 |
| 2 | 7 | 3 | 5 | 9 | 1 | 6 | 8 | 4 |
| 9 | 4 | 5 | 6 | 7 | 8 | 1 | 3 | 2 |
| 5 | 9 | 7 | 4 | 6 | 2 | 8 | 1 | 3 |
| 3 | 6 | 4 | 1 | 8 | 7 | 9 | 2 | 5 |
| 8 | 1 | 2 | 3 | 5 | 9 | 4 | 7 | 6 |

| 2 | 7 | 4 | 6 | 3 | 5 | 9 | 1 | 8 |
| 1 | 3 | 9 | 2 | 8 | 7 | 5 | 4 | 6 |
| 6 | 8 | 5 | 4 | 1 | 9 | 7 | 2 | 3 |
| 3 | 2 | 6 | 1 | 7 | 8 | 4 | 5 | 9 |
| 9 | 4 | 1 | 3 | 5 | 6 | 8 | 7 | 2 |
| 7 | 5 | 8 | 9 | 2 | 4 | 6 | 3 | 1 |
| 8 | 9 | 2 | 5 | 4 | 1 | 3 | 6 | 7 |
| 5 | 1 | 7 | 8 | 6 | 3 | 2 | 9 | 4 |
| 4 | 6 | 3 | 7 | 9 | 2 | 1 | 8 | 5 |

109

| 5 | 9 | 8 | 6 | 4 | 7 | 1 | 3 | 2 |
|---|---|---|---|---|---|---|---|---|
| 3 | 1 | 2 | 5 | 9 | 8 | 4 | 6 | 7 |
| 7 | 6 | 4 | 2 | 1 | 3 | 9 | 5 | 8 |
| 4 | 7 | 5 | 3 | 8 | 6 | 2 | 9 | 1 |
| 9 | 2 | 1 | 4 | 7 | 5 | 3 | 8 | 6 |
| 8 | 3 | 6 | 1 | 2 | 9 | 7 | 4 | 5 |
| 6 | 8 | 7 | 9 | 3 | 1 | 5 | 2 | 4 |
| 1 | 4 | 9 | 8 | 5 | 2 | 6 | 7 | 3 |
| 2 | 5 | 3 | 7 | 6 | 4 | 8 | 1 | 9 |

110

| 9 | 1 | 4 | 8 | 3 | 5 | 2 | 6 | 7 |
|---|---|---|---|---|---|---|---|---|
| 6 | 2 | 8 | 4 | 7 | 9 | 3 | 5 | 1 |
| 3 | 7 | 5 | 2 | 6 | 1 | 8 | 4 | 9 |
| 7 | 9 | 6 | 5 | 1 | 8 | 4 | 3 | 2 |
| 8 | 3 | 1 | 7 | 4 | 2 | 5 | 9 | 6 |
| 5 | 4 | 2 | 6 | 9 | 3 | 1 | 7 | 8 |
| 1 | 8 | 3 | 9 | 5 | 6 | 7 | 2 | 4 |
| 4 | 5 | 9 | 1 | 2 | 7 | 6 | 8 | 3 |
| 2 | 6 | 7 | 3 | 8 | 4 | 9 | 1 | 5 |

111

| 5 | 4 | 7 | 9 | 6 | 2 | 1 | 3 | 8 |
| 6 | 9 | 2 | 8 | 3 | 1 | 5 | 4 | 7 |
| 8 | 3 | 1 | 7 | 4 | 5 | 9 | 2 | 6 |
| 1 | 8 | 9 | 5 | 2 | 7 | 3 | 6 | 4 |
| 4 | 2 | 5 | 6 | 8 | 3 | 7 | 1 | 9 |
| 3 | 7 | 6 | 1 | 9 | 4 | 8 | 5 | 2 |
| 7 | 5 | 8 | 4 | 1 | 6 | 2 | 9 | 3 |
| 2 | 1 | 4 | 3 | 7 | 9 | 6 | 8 | 5 |
| 9 | 6 | 3 | 2 | 5 | 8 | 4 | 7 | 1 |

112

| 5 | 3 | 4 | 1 | 2 | 7 | 9 | 6 | 8 |
| 6 | 7 | 8 | 5 | 4 | 9 | 1 | 2 | 3 |
| 1 | 2 | 9 | 3 | 8 | 6 | 5 | 7 | 4 |
| 4 | 5 | 2 | 9 | 7 | 8 | 6 | 3 | 1 |
| 3 | 8 | 7 | 4 | 6 | 1 | 2 | 9 | 5 |
| 9 | 1 | 6 | 2 | 3 | 5 | 8 | 4 | 7 |
| 2 | 4 | 5 | 8 | 9 | 3 | 7 | 1 | 6 |
| 8 | 6 | 3 | 7 | 1 | 2 | 4 | 5 | 9 |
| 7 | 9 | 1 | 6 | 5 | 4 | 3 | 8 | 2 |

113

| 5 | 4 | 7 | 8 | 2 | 1 | 6 | 3 | 9 |
|---|---|---|---|---|---|---|---|---|
| 6 | 1 | 8 | 3 | 5 | 9 | 2 | 7 | 4 |
| 3 | 2 | 9 | 4 | 6 | 7 | 8 | 1 | 5 |
| 7 | 6 | 4 | 5 | 9 | 3 | 1 | 2 | 8 |
| 1 | 9 | 2 | 7 | 8 | 6 | 4 | 5 | 3 |
| 8 | 5 | 3 | 1 | 4 | 2 | 9 | 6 | 7 |
| 2 | 8 | 6 | 9 | 3 | 5 | 7 | 4 | 1 |
| 4 | 7 | 5 | 2 | 1 | 8 | 3 | 9 | 6 |
| 9 | 3 | 1 | 6 | 7 | 4 | 5 | 8 | 2 |

114

| 2 | 4 | 8 | 3 | 7 | 9 | 1 | 5 | 6 |
|---|---|---|---|---|---|---|---|---|
| 6 | 1 | 3 | 5 | 2 | 4 | 7 | 9 | 8 |
| 9 | 5 | 7 | 6 | 1 | 8 | 2 | 3 | 4 |
| 7 | 3 | 5 | 1 | 6 | 2 | 4 | 8 | 9 |
| 8 | 6 | 1 | 4 | 9 | 3 | 5 | 2 | 7 |
| 4 | 9 | 2 | 7 | 8 | 5 | 3 | 6 | 1 |
| 3 | 7 | 9 | 2 | 4 | 6 | 8 | 1 | 5 |
| 1 | 2 | 6 | 8 | 5 | 7 | 9 | 4 | 3 |
| 5 | 8 | 4 | 9 | 3 | 1 | 6 | 7 | 2 |

| 1 | 8 | 3 | 2 | 6 | 5 | 7 | 4 | 9 |
|---|---|---|---|---|---|---|---|---|
| 5 | 6 | 2 | 7 | 9 | 4 | 1 | 3 | 8 |
| 4 | 7 | 9 | 8 | 3 | 1 | 6 | 5 | 2 |
| 6 | 3 | 1 | 5 | 2 | 8 | 9 | 7 | 4 |
| 8 | 9 | 7 | 4 | 1 | 3 | 5 | 2 | 6 |
| 2 | 5 | 4 | 9 | 7 | 6 | 8 | 1 | 3 |
| 9 | 2 | 6 | 3 | 5 | 7 | 4 | 8 | 1 |
| 7 | 1 | 8 | 6 | 4 | 2 | 3 | 9 | 5 |
| 3 | 4 | 5 | 1 | 8 | 9 | 2 | 6 | 7 |

| 6 | 9 | 2 | 1 | 4 | 8 | 5 | 3 | 7 |
|---|---|---|---|---|---|---|---|---|
| 5 | 4 | 7 | 2 | 3 | 6 | 9 | 1 | 8 |
| 8 | 1 | 3 | 5 | 7 | 9 | 6 | 4 | 2 |
| 9 | 5 | 6 | 3 | 8 | 4 | 7 | 2 | 1 |
| 2 | 8 | 1 | 6 | 5 | 7 | 4 | 9 | 3 |
| 7 | 3 | 4 | 9 | 2 | 1 | 8 | 6 | 5 |
| 1 | 2 | 9 | 8 | 6 | 5 | 3 | 7 | 4 |
| 3 | 7 | 8 | 4 | 9 | 2 | 1 | 5 | 6 |
| 4 | 6 | 5 | 7 | 1 | 3 | 2 | 8 | 9 |

**117**

| 2 | 4 | 6 | 3 | 9 | 8 | 5 | 7 | 1 |
|---|---|---|---|---|---|---|---|---|
| 7 | 3 | 9 | 4 | 1 | 5 | 8 | 6 | 2 |
| 8 | 5 | 1 | 2 | 7 | 6 | 9 | 4 | 3 |
| 3 | 8 | 7 | 6 | 4 | 9 | 1 | 2 | 5 |
| 6 | 1 | 5 | 8 | 3 | 2 | 7 | 9 | 4 |
| 4 | 9 | 2 | 1 | 5 | 7 | 6 | 3 | 8 |
| 5 | 7 | 8 | 9 | 2 | 4 | 3 | 1 | 6 |
| 9 | 2 | 3 | 5 | 6 | 1 | 4 | 8 | 7 |
| 1 | 6 | 4 | 7 | 8 | 3 | 2 | 5 | 9 |

**118**

| 4 | 8 | 5 | 6 | 3 | 7 | 9 | 1 | 2 |
|---|---|---|---|---|---|---|---|---|
| 7 | 3 | 2 | 9 | 5 | 1 | 4 | 6 | 8 |
| 9 | 6 | 1 | 4 | 2 | 8 | 3 | 7 | 5 |
| 6 | 1 | 3 | 7 | 9 | 5 | 8 | 2 | 4 |
| 8 | 9 | 4 | 2 | 6 | 3 | 1 | 5 | 7 |
| 5 | 2 | 7 | 1 | 8 | 4 | 6 | 3 | 9 |
| 3 | 5 | 9 | 8 | 7 | 6 | 2 | 4 | 1 |
| 1 | 7 | 8 | 3 | 4 | 2 | 5 | 9 | 6 |
| 2 | 4 | 6 | 5 | 1 | 9 | 7 | 8 | 3 |

| 3 | 9 | 5 | 1 | 8 | 2 | 7 | 6 | 4 |
|---|---|---|---|---|---|---|---|---|
| 1 | 8 | 4 | 6 | 3 | 7 | 9 | 2 | 5 |
| 6 | 2 | 7 | 9 | 5 | 4 | 8 | 3 | 1 |
| 9 | 7 | 6 | 8 | 1 | 5 | 3 | 4 | 2 |
| 2 | 3 | 8 | 4 | 6 | 9 | 1 | 5 | 7 |
| 4 | 5 | 1 | 7 | 2 | 3 | 6 | 8 | 9 |
| 8 | 6 | 9 | 5 | 4 | 1 | 2 | 7 | 3 |
| 7 | 4 | 2 | 3 | 9 | 8 | 5 | 1 | 6 |
| 5 | 1 | 3 | 2 | 7 | 6 | 4 | 9 | 8 |

| 3 | 4 | 2 | 9 | 6 | 1 | 8 | 7 | 5 |
|---|---|---|---|---|---|---|---|---|
| 9 | 8 | 1 | 3 | 5 | 7 | 4 | 6 | 2 |
| 7 | 5 | 6 | 8 | 4 | 2 | 1 | 3 | 9 |
| 6 | 9 | 8 | 7 | 2 | 5 | 3 | 4 | 1 |
| 5 | 3 | 7 | 1 | 9 | 4 | 2 | 8 | 6 |
| 1 | 2 | 4 | 6 | 8 | 3 | 5 | 9 | 7 |
| 4 | 6 | 5 | 2 | 7 | 8 | 9 | 1 | 3 |
| 8 | 1 | 9 | 5 | 3 | 6 | 7 | 2 | 4 |
| 2 | 7 | 3 | 4 | 1 | 9 | 6 | 5 | 8 |

**121**

| 9 | 7 | 8 | 4 | 2 | **5** | 6 | 3 | **1** |
|---|---|---|---|---|---|---|---|---|
| **3** | 6 | 5 | 1 | **7** | 8 | 9 | 2 | 4 |
| 1 | **2** | **4** | 3 | **9** | 6 | 7 | **8** | 5 |
| 6 | **5** | **9** | 7 | 8 | 3 | **4** | 1 | 2 |
| 4 | 1 | **7** | **6** | 5 | **2** | **3** | 9 | 8 |
| 8 | 3 | **2** | 9 | 1 | 4 | **5** | **6** | 7 |
| **2** | **4** | 6 | 8 | **3** | 7 | **1** | **5** | 9 |
| 5 | 9 | 3 | 2 | **4** | 1 | 8 | 7 | **6** |
| **7** | 8 | 1 | **5** | 6 | 9 | 2 | 4 | 3 |

**122**

| 8 | 4 | **5** | **2** | 1 | **6** | 3 | 9 | 7 |
|---|---|---|---|---|---|---|---|---|
| 9 | 1 | **6** | 3 | **8** | 7 | 2 | 5 | **4** |
| 3 | 2 | **7** | 4 | 5 | **9** | 6 | 1 | 8 |
| **7** | **3** | 8 | **5** | 6 | 1 | 9 | 4 | 2 |
| 6 | **5** | **4** | 8 | 9 | 2 | **1** | **7** | 3 |
| 2 | 9 | 1 | 7 | 4 | **3** | 5 | **8** | **6** |
| 5 | 8 | 3 | **1** | 2 | 4 | **7** | 6 | 9 |
| **1** | 7 | 9 | 6 | **3** | 8 | **4** | 2 | 5 |
| 4 | 6 | 2 | **9** | 7 | **5** | **8** | 3 | 1 |

123

| 4 | 6 | 1 | 8 | 5 | 2 | 3 | 7 | 9 |
| 7 | 5 | 3 | 1 | 9 | 6 | 8 | 4 | 2 |
| 2 | 9 | 8 | 4 | 3 | 7 | 1 | 5 | 6 |
| 1 | 4 | 2 | 6 | 8 | 9 | 5 | 3 | 7 |
| 9 | 7 | 5 | 3 | 1 | 4 | 2 | 6 | 8 |
| 3 | 8 | 6 | 2 | 7 | 5 | 9 | 1 | 4 |
| 6 | 1 | 9 | 5 | 4 | 8 | 7 | 2 | 3 |
| 8 | 3 | 4 | 7 | 2 | 1 | 6 | 9 | 5 |
| 5 | 2 | 7 | 9 | 6 | 3 | 4 | 8 | 1 |

124

| 4 | 7 | 8 | 6 | 5 | 9 | 2 | 3 | 1 |
| 9 | 6 | 2 | 7 | 1 | 3 | 5 | 4 | 8 |
| 5 | 1 | 3 | 2 | 4 | 8 | 7 | 6 | 9 |
| 7 | 2 | 1 | 9 | 3 | 5 | 6 | 8 | 4 |
| 6 | 3 | 4 | 8 | 2 | 1 | 9 | 7 | 5 |
| 8 | 5 | 9 | 4 | 6 | 7 | 1 | 2 | 3 |
| 3 | 8 | 7 | 1 | 9 | 2 | 4 | 5 | 6 |
| 1 | 4 | 5 | 3 | 7 | 6 | 8 | 9 | 2 |
| 2 | 9 | 6 | 5 | 8 | 4 | 3 | 1 | 7 |

**125**

| 8 | 4 | 2 | 5 | 1 | 3 | 9 | 7 | 6 |
|---|---|---|---|---|---|---|---|---|
| 7 | 6 | 3 | 4 | 8 | 9 | 5 | 1 | 2 |
| 9 | 5 | 1 | 2 | 6 | 7 | 8 | 3 | 4 |
| 6 | 9 | 4 | 8 | 7 | 5 | 1 | 2 | 3 |
| 3 | 8 | 5 | 1 | 2 | 4 | 7 | 6 | 9 |
| 2 | 1 | 7 | 9 | 3 | 6 | 4 | 8 | 5 |
| 4 | 7 | 8 | 6 | 5 | 2 | 3 | 9 | 1 |
| 1 | 2 | 9 | 3 | 4 | 8 | 6 | 5 | 7 |
| 5 | 3 | 6 | 7 | 9 | 1 | 2 | 4 | 8 |

**126**

| 3 | 6 | 2 | 7 | 5 | 8 | 9 | 1 | 4 |
|---|---|---|---|---|---|---|---|---|
| 7 | 1 | 5 | 6 | 4 | 9 | 2 | 3 | 8 |
| 8 | 4 | 9 | 2 | 3 | 1 | 5 | 6 | 7 |
| 9 | 2 | 4 | 3 | 6 | 5 | 7 | 8 | 1 |
| 5 | 8 | 6 | 9 | 1 | 7 | 3 | 4 | 2 |
| 1 | 3 | 7 | 8 | 2 | 4 | 6 | 9 | 5 |
| 2 | 9 | 1 | 4 | 7 | 6 | 8 | 5 | 3 |
| 6 | 5 | 3 | 1 | 8 | 2 | 4 | 7 | 9 |
| 4 | 7 | 8 | 5 | 9 | 3 | 1 | 2 | 6 |

127

| 5 | 1 | 7 | 3 | 8 | 4 | 2 | 6 | 9 |
| 4 | 2 | 6 | 1 | 9 | 5 | 7 | 8 | 3 |
| 8 | 9 | 3 | 6 | 2 | 7 | 4 | 1 | 5 |
| 1 | 8 | 9 | 5 | 6 | 2 | 3 | 7 | 4 |
| 6 | 7 | 5 | 4 | 3 | 9 | 1 | 2 | 8 |
| 3 | 4 | 2 | 7 | 1 | 8 | 5 | 9 | 6 |
| 9 | 5 | 4 | 2 | 7 | 6 | 8 | 3 | 1 |
| 7 | 6 | 1 | 8 | 5 | 3 | 9 | 4 | 2 |
| 2 | 3 | 8 | 9 | 4 | 1 | 6 | 5 | 7 |

128

| 9 | 8 | 2 | 6 | 1 | 4 | 3 | 7 | 5 |
| 3 | 7 | 5 | 2 | 9 | 8 | 4 | 6 | 1 |
| 1 | 6 | 4 | 7 | 5 | 3 | 2 | 8 | 9 |
| 7 | 5 | 8 | 3 | 2 | 1 | 6 | 9 | 4 |
| 6 | 3 | 9 | 8 | 4 | 5 | 7 | 1 | 2 |
| 2 | 4 | 1 | 9 | 6 | 7 | 5 | 3 | 8 |
| 5 | 1 | 7 | 4 | 3 | 9 | 8 | 2 | 6 |
| 4 | 2 | 3 | 1 | 8 | 6 | 9 | 5 | 7 |
| 8 | 9 | 6 | 5 | 7 | 2 | 1 | 4 | 3 |

129

| 4 | 1 | **7** | 6 | 8 | 2 | 9 | **3** | 5 |
|---|---|---|---|---|---|---|---|---|
| 2 | **8** | **5** | **3** | 7 | **9** | 4 | 6 | **1** |
| **3** | **9** | 6 | 1 | 4 | **5** | **7** | 8 | 2 |
| 1 | **6** | 8 | 2 | **3** | 7 | **5** | **9** | 4 |
| 5 | 2 | 9 | **8** | **1** | **4** | 6 | 7 | 3 |
| 7 | **3** | **4** | 9 | **5** | 6 | 1 | **2** | 8 |
| 9 | 4 | **3** | **7** | 2 | 1 | 8 | **5** | **6** |
| **8** | 7 | 1 | **5** | 6 | **3** | **2** | **4** | 9 |
| 6 | **5** | 2 | 4 | 9 | 8 | **3** | 1 | 7 |

130

| 9 | **2** | 5 | 4 | 7 | **3** | 6 | **8** | **1** |
|---|---|---|---|---|---|---|---|---|
| 1 | **6** | 8 | 5 | 9 | **2** | 4 | 3 | **7** |
| 4 | 7 | 3 | **6** | **8** | 1 | 2 | 5 | 9 |
| 6 | **4** | **1** | 3 | 5 | **7** | 8 | 9 | 2 |
| **3** | 9 | **2** | **1** | 4 | **8** | **5** | 7 | **6** |
| 5 | 8 | 7 | **9** | 2 | 6 | **1** | **4** | 3 |
| 2 | 3 | 4 | 8 | **6** | **9** | 7 | 1 | 5 |
| **7** | 5 | 9 | **2** | 1 | 4 | 3 | **6** | 8 |
| **8** | **1** | 6 | **7** | 3 | 5 | 9 | **2** | 4 |

131

| 1 | 3 | 6 | 4 | 7 | 2 | 9 | 5 | 8 |
| 2 | 7 | 4 | 9 | 8 | 5 | 1 | 3 | 6 |
| 9 | 5 | 8 | 3 | 6 | 1 | 4 | 7 | 2 |
| 8 | 2 | 9 | 6 | 4 | 7 | 3 | 1 | 5 |
| 6 | 1 | 3 | 8 | 5 | 9 | 2 | 4 | 7 |
| 7 | 4 | 5 | 2 | 1 | 3 | 6 | 8 | 9 |
| 3 | 8 | 2 | 5 | 9 | 4 | 7 | 6 | 1 |
| 5 | 9 | 1 | 7 | 3 | 6 | 8 | 2 | 4 |
| 4 | 6 | 7 | 1 | 2 | 8 | 5 | 9 | 3 |

132

| 8 | 7 | 5 | 6 | 1 | 9 | 3 | 2 | 4 |
| 6 | 2 | 3 | 8 | 4 | 5 | 1 | 9 | 7 |
| 1 | 9 | 4 | 2 | 3 | 7 | 5 | 8 | 6 |
| 4 | 3 | 2 | 5 | 7 | 1 | 8 | 6 | 9 |
| 9 | 6 | 7 | 3 | 2 | 8 | 4 | 1 | 5 |
| 5 | 8 | 1 | 4 | 9 | 6 | 2 | 7 | 3 |
| 2 | 1 | 6 | 9 | 5 | 4 | 7 | 3 | 8 |
| 7 | 4 | 8 | 1 | 6 | 3 | 9 | 5 | 2 |
| 3 | 5 | 9 | 7 | 8 | 2 | 6 | 4 | 1 |

Su Doku

133

| 4 | 3 | 2 | **7** | 9 | **8** | 5 | 6 | **1** |
| **9** | **6** | 8 | 3 | 5 | 1 | 7 | 2 | 4 |
| 5 | **1** | **7** | 4 | 2 | 6 | **8** | 9 | **3** |
| **3** | **7** | 1 | **6** | 8 | 5 | 2 | 4 | 9 |
| **2** | 5 | 9 | **1** | 7 | **4** | 6 | 3 | **8** |
| 8 | 4 | 6 | 9 | 3 | **2** | 1 | **7** | 5 |
| **6** | 2 | **3** | 8 | 1 | 9 | **4** | **5** | 7 |
| 1 | 9 | 4 | 5 | 6 | 7 | 3 | **8** | **2** |
| **7** | 8 | 5 | **2** | 4 | **3** | 9 | 1 | 6 |

134

| 8 | 1 | **2** | 5 | 6 | 9 | 3 | 4 | 7 |
| 6 | **5** | **4** | 8 | 7 | 3 | **9** | **2** | 1 |
| 3 | 9 | **7** | 1 | 2 | 4 | **5** | 8 | 6 |
| **2** | 4 | 3 | **9** | **8** | **7** | 6 | 1 | **5** |
| 5 | 7 | 8 | 6 | **1** | 2 | 4 | 3 | 9 |
| **1** | 6 | 9 | **3** | **4** | **5** | 8 | 7 | **2** |
| 9 | 8 | **1** | 7 | 3 | 6 | **2** | 5 | 4 |
| 4 | **3** | **6** | 2 | 5 | 1 | **7** | **9** | 8 |
| 7 | 2 | **5** | **4** | **9** | **8** | **1** | 6 | 3 |

| 3 | 5 | 2 | 6 | 1 | 9 | 7 | 8 | 4 |
| 1 | 7 | 4 | 5 | 8 | 2 | 6 | 3 | 9 |
| 8 | 6 | 9 | 7 | 3 | 4 | 2 | 5 | 1 |
| 5 | 2 | 8 | 3 | 7 | 1 | 9 | 4 | 6 |
| 9 | 4 | 1 | 2 | 6 | 8 | 3 | 7 | 5 |
| 7 | 3 | 6 | 9 | 4 | 5 | 1 | 2 | 8 |
| 6 | 1 | 3 | 4 | 5 | 7 | 8 | 9 | 2 |
| 2 | 8 | 5 | 1 | 9 | 3 | 4 | 6 | 7 |
| 4 | 9 | 7 | 8 | 2 | 6 | 5 | 1 | 3 |

| 6 | 3 | 5 | 7 | 4 | 1 | 9 | 8 | 2 |
| 2 | 9 | 7 | 6 | 3 | 8 | 1 | 4 | 5 |
| 4 | 1 | 8 | 5 | 9 | 2 | 6 | 7 | 3 |
| 5 | 7 | 1 | 3 | 8 | 9 | 4 | 2 | 6 |
| 9 | 4 | 6 | 2 | 5 | 7 | 3 | 1 | 8 |
| 3 | 8 | 2 | 1 | 6 | 4 | 5 | 9 | 7 |
| 7 | 2 | 3 | 4 | 1 | 6 | 8 | 5 | 9 |
| 1 | 5 | 9 | 8 | 7 | 3 | 2 | 6 | 4 |
| 8 | 6 | 4 | 9 | 2 | 5 | 7 | 3 | 1 |

Su Doku

137

| 5 | 4 | **3** | 6 | 7 | 9 | **1** | 2 | 8 |
| 7 | **8** | 9 | **2** | **3** | **1** | 4 | **6** | 5 |
| 6 | 2 | 1 | **8** | **5** | **4** | 3 | 7 | 9 |
| **4** | **6** | 5 | 7 | 2 | 3 | 8 | **9** | 1 |
| **1** | 3 | **8** | 5 | 9 | 6 | **7** | 4 | **2** |
| **2** | **9** | 7 | 1 | 4 | 8 | 6 | **5** | 3 |
| 8 | 7 | 6 | **9** | **1** | **5** | 2 | 3 | 4 |
| 9 | **1** | 4 | **3** | **6** | **2** | 5 | **8** | 7 |
| 3 | 5 | **2** | 4 | 8 | 7 | **9** | 1 | 6 |

138

| 6 | 7 | **9** | **5** | **2** | 1 | 3 | 4 | **8** |
| 8 | **2** | 3 | 6 | 4 | **9** | 7 | **5** | 1 |
| **1** | 5 | **4** | 8 | **7** | 3 | 9 | **2** | 6 |
| 9 | 1 | 2 | 7 | **3** | **6** | 4 | 8 | 5 |
| **7** | 6 | 5 | **4** | 8 | **2** | 1 | 9 | **3** |
| 4 | 3 | 8 | **9** | **1** | 5 | 6 | 7 | 2 |
| 3 | **4** | 1 | 2 | **5** | 7 | **8** | 6 | **9** |
| 2 | **8** | 6 | **3** | 9 | 4 | 5 | **1** | 7 |
| **5** | 9 | 7 | 1 | **6** | **8** | **2** | 3 | 4 |

| 8 | 6 | 7 | 2 | 3 | 9 | 4 | 5 | 1 |
| 9 | 4 | 3 | 6 | 5 | 1 | 7 | 2 | 8 |
| 2 | 5 | 1 | 4 | 8 | 7 | 6 | 3 | 9 |
| 1 | 9 | 4 | 7 | 2 | 3 | 8 | 6 | 5 |
| 5 | 8 | 6 | 9 | 1 | 4 | 2 | 7 | 3 |
| 3 | 7 | 2 | 5 | 6 | 8 | 1 | 9 | 4 |
| 4 | 2 | 5 | 1 | 9 | 6 | 3 | 8 | 7 |
| 7 | 3 | 9 | 8 | 4 | 2 | 5 | 1 | 6 |
| 6 | 1 | 8 | 3 | 7 | 5 | 9 | 4 | 2 |

| 7 | 4 | 9 | 2 | 1 | 6 | 5 | 3 | 8 |
| 8 | 6 | 5 | 4 | 7 | 3 | 1 | 2 | 9 |
| 2 | 1 | 3 | 5 | 9 | 8 | 4 | 6 | 7 |
| 5 | 8 | 7 | 1 | 6 | 9 | 3 | 4 | 2 |
| 3 | 2 | 4 | 8 | 5 | 7 | 6 | 9 | 1 |
| 6 | 9 | 1 | 3 | 4 | 2 | 8 | 7 | 5 |
| 1 | 5 | 6 | 9 | 2 | 4 | 7 | 8 | 3 |
| 4 | 3 | 2 | 7 | 8 | 5 | 9 | 1 | 6 |
| 9 | 7 | 8 | 6 | 3 | 1 | 2 | 5 | 4 |

**141**

| 9 | 7 | 4 | 2 | 3 | 6 | 5 | 1 | 8 |
|---|---|---|---|---|---|---|---|---|
| 2 | 3 | 5 | 1 | 9 | 8 | 7 | 6 | 4 |
| 6 | 8 | 1 | 4 | 7 | 5 | 2 | 9 | 3 |
| 8 | 1 | 9 | 5 | 2 | 7 | 4 | 3 | 6 |
| 5 | 4 | 6 | 9 | 8 | 3 | 1 | 2 | 7 |
| 7 | 2 | 3 | 6 | 1 | 4 | 8 | 5 | 9 |
| 4 | 5 | 7 | 3 | 6 | 1 | 9 | 8 | 2 |
| 1 | 6 | 2 | 8 | 4 | 9 | 3 | 7 | 5 |
| 3 | 9 | 8 | 7 | 5 | 2 | 6 | 4 | 1 |

**142**

| 6 | 5 | 7 | 9 | 8 | 3 | 1 | 4 | 2 |
|---|---|---|---|---|---|---|---|---|
| 4 | 9 | 8 | 1 | 2 | 7 | 5 | 6 | 3 |
| 1 | 2 | 3 | 5 | 4 | 6 | 9 | 8 | 7 |
| 5 | 8 | 2 | 6 | 1 | 9 | 3 | 7 | 4 |
| 7 | 1 | 6 | 4 | 3 | 8 | 2 | 9 | 5 |
| 9 | 3 | 4 | 7 | 5 | 2 | 8 | 1 | 6 |
| 2 | 7 | 9 | 8 | 6 | 5 | 4 | 3 | 1 |
| 3 | 6 | 1 | 2 | 9 | 4 | 7 | 5 | 8 |
| 8 | 4 | 5 | 3 | 7 | 1 | 6 | 2 | 9 |

**143**

| 8 | 4 | 1 | 2 | 7 | 9 | 6 | 5 | 3 |
| 3 | 9 | 2 | 8 | 5 | 6 | 7 | 1 | 4 |
| 7 | 5 | 6 | 4 | 3 | 1 | 2 | 9 | 8 |
| 5 | 7 | 8 | 1 | 6 | 2 | 4 | 3 | 9 |
| 1 | 6 | 4 | 7 | 9 | 3 | 8 | 2 | 5 |
| 9 | 2 | 3 | 5 | 8 | 4 | 1 | 7 | 6 |
| 2 | 3 | 9 | 6 | 4 | 7 | 5 | 8 | 1 |
| 4 | 8 | 7 | 9 | 1 | 5 | 3 | 6 | 2 |
| 6 | 1 | 5 | 3 | 2 | 8 | 9 | 4 | 7 |

**144**

| 5 | 4 | 3 | 8 | 2 | 7 | 9 | 1 | 6 |
| 9 | 7 | 6 | 3 | 4 | 1 | 8 | 2 | 5 |
| 1 | 2 | 8 | 9 | 5 | 6 | 3 | 7 | 4 |
| 6 | 5 | 1 | 4 | 7 | 3 | 2 | 9 | 8 |
| 2 | 8 | 4 | 6 | 1 | 9 | 7 | 5 | 3 |
| 7 | 3 | 9 | 2 | 8 | 5 | 4 | 6 | 1 |
| 8 | 9 | 5 | 7 | 6 | 4 | 1 | 3 | 2 |
| 3 | 1 | 2 | 5 | 9 | 8 | 6 | 4 | 7 |
| 4 | 6 | 7 | 1 | 3 | 2 | 5 | 8 | 9 |

145

| 1 | 3 | 7 | 8 | 9 | **2** | **5** | 4 | **6** |
|---|---|---|---|---|---|---|---|---|
| 9 | **5** | 6 | **4** | 7 | 3 | 1 | 2 | 8 |
| 4 | 8 | 2 | **6** | **1** | **5** | **7** | 9 | **3** |
| 5 | **6** | **9** | 7 | 3 | 1 | **4** | 8 | **2** |
| 2 | 1 | **4** | 5 | **8** | 6 | **3** | 7 | 9 |
| **8** | 7 | **3** | 2 | 4 | 9 | **6** | **1** | 5 |
| **7** | 2 | **8** | **3** | **5** | **4** | 9 | 6 | 1 |
| 6 | 9 | 5 | 1 | 2 | **7** | 8 | **3** | 4 |
| **3** | 4 | **1** | **9** | 6 | 8 | 2 | 5 | 7 |

146

| **6** | 3 | 1 | 9 | **5** | 4 | **8** | **7** | 2 |
|---|---|---|---|---|---|---|---|---|
| 7 | **8** | 9 | 6 | 2 | **1** | 4 | **5** | **3** |
| 2 | 4 | 5 | 7 | 8 | **3** | **6** | 9 | **1** |
| 5 | 9 | 8 | 3 | 7 | **6** | **2** | 1 | 4 |
| **1** | 6 | 4 | 2 | 9 | 5 | 7 | 3 | **8** |
| 3 | **7** | **2** | **4** | 1 | 8 | 9 | 6 | 5 |
| **4** | 2 | **7** | **5** | 3 | 9 | 1 | 8 | 6 |
| **9** | **1** | 3 | **8** | 6 | 2 | 5 | **4** | 7 |
| 8 | **5** | **6** | 1 | **4** | 7 | 3 | 2 | **9** |

| 1 | 4 | 8 | 5 | 2 | 7 | 6 | 9 | 3 |
| 9 | 3 | 2 | 1 | 4 | 6 | 5 | 7 | 8 |
| 5 | 7 | 6 | 9 | 8 | 3 | 2 | 4 | 1 |
| 6 | 5 | 3 | 4 | 9 | 2 | 8 | 1 | 7 |
| 7 | 9 | 1 | 3 | 6 | 8 | 4 | 2 | 5 |
| 2 | 8 | 4 | 7 | 5 | 1 | 3 | 6 | 9 |
| 3 | 2 | 9 | 6 | 7 | 5 | 1 | 8 | 4 |
| 8 | 1 | 7 | 2 | 3 | 4 | 9 | 5 | 6 |
| 4 | 6 | 5 | 8 | 1 | 9 | 7 | 3 | 2 |

| 3 | 7 | 5 | 8 | 1 | 2 | 4 | 9 | 6 |
| 2 | 9 | 4 | 5 | 7 | 6 | 1 | 8 | 3 |
| 6 | 8 | 1 | 4 | 3 | 9 | 5 | 2 | 7 |
| 7 | 1 | 2 | 6 | 5 | 3 | 8 | 4 | 9 |
| 5 | 3 | 9 | 1 | 8 | 4 | 6 | 7 | 2 |
| 8 | 4 | 6 | 2 | 9 | 7 | 3 | 5 | 1 |
| 1 | 5 | 3 | 7 | 2 | 8 | 9 | 6 | 4 |
| 4 | 2 | 8 | 9 | 6 | 1 | 7 | 3 | 5 |
| 9 | 6 | 7 | 3 | 4 | 5 | 2 | 1 | 8 |

| 6 | 5 | 7 | 9 | 3 | 4 | 2 | 8 | 1 |
|---|---|---|---|---|---|---|---|---|
| 4 | 1 | 3 | 8 | 5 | 2 | 9 | 6 | 7 |
| 2 | 9 | 8 | 6 | 7 | 1 | 3 | 5 | 4 |
| 1 | 8 | 9 | 7 | 6 | 3 | 4 | 2 | 5 |
| 3 | 6 | 2 | 1 | 4 | 5 | 7 | 9 | 8 |
| 7 | 4 | 5 | 2 | 8 | 9 | 6 | 1 | 3 |
| 9 | 3 | 1 | 4 | 2 | 8 | 5 | 7 | 6 |
| 8 | 7 | 4 | 5 | 9 | 6 | 1 | 3 | 2 |
| 5 | 2 | 6 | 3 | 1 | 7 | 8 | 4 | 9 |

| 7 | 3 | 5 | 1 | 2 | 8 | 6 | 4 | 9 |
|---|---|---|---|---|---|---|---|---|
| 1 | 8 | 4 | 5 | 6 | 9 | 2 | 7 | 3 |
| 9 | 2 | 6 | 3 | 4 | 7 | 8 | 5 | 1 |
| 8 | 1 | 2 | 6 | 7 | 4 | 3 | 9 | 5 |
| 5 | 7 | 3 | 2 | 9 | 1 | 4 | 6 | 8 |
| 6 | 4 | 9 | 8 | 5 | 3 | 1 | 2 | 7 |
| 2 | 9 | 8 | 4 | 3 | 5 | 7 | 1 | 6 |
| 4 | 5 | 1 | 7 | 8 | 6 | 9 | 3 | 2 |
| 3 | 6 | 7 | 9 | 1 | 2 | 5 | 8 | 4 |